KB063663

# 팔괘의
# 과학적 탐구

저자: 이승재

* 팔괘와 하도낙서의 생성원리를 수학과 열역학을 사용하여 명쾌하게 증명하였다. 그 결과로서 괘의 기원과 물리적 실체를 규명하였다.

* 시공간의 과학으로 현공풍수의 설계원리, 구성기학에서 대충의 생성원리, 기문둔갑에서 일가팔문의 생성원리, 생기복덕 팔괘의 설계원리, 납갑과 납지의 설계원리, 선천육십사괘와 경방육십사괘의 설계원리를 규명하였다.

도서출판
미래터

# 이 책의 소개

이 책은 시간과 공간이 생성되고 운용되는 원리를 역학(易學)으로 연구하는 방법을 싣고 있다. 특히 역학에서 사용되는 기호인 상(象)과 수(數) 중에서 상(象)의 원천인 팔괘(八卦)를 과학적으로 탐구함으로써 공간이 생성되고 운용되는 기본 공리와 논리 전개를 보여주려고 노력하였다.

위와 같은 집필 의도로 인해서 이 책은 다음과 같은 내용으로 채워져 있다.

첫째, 시간표시기호체계를 탐구한 『하도낙서의 과학적 탐구』의 연장선상에서 저술되었다.

둘째, 저술의 순서 자체가 과학적 발견의 절차를 따랐다. 먼저 공리를 제시하고, 이어서 그 공리에 입각하여 논리가 전개되는 방식으로 저술되었다. 이런 방식에 의해서 크게 2개의 단원으로 구성되었는데, 첫째 단원인 1부에서는 팔괘의 생성원리를 기술하였고 둘째 단원인 2부에서는 『하도낙서의 과학적 탐구』와 결합되어 팔괘와 하도낙서가 상수역학에서 활용되는 다양한 사례를 제시하였다.

셋째, 하도낙서와 팔괘가 1부터 10까지의 자연수로부터 생성되는 원리를 숫자배열의 관찰로부터 찾아냈다. 과학은 현상을 관찰하는 것으로부터 출발한다는 기본적인 원칙에 충실하였다. 또한 관찰로부터 도출된 규칙을 기반으로 삼아 가설을 세우고 공리로 확정하는 연역적 증명을 추구하였다.

넷째, 천인지(天人地) 삼재(三才)를 각각 표시하는 태극형상수(太極形象數) 〈5-5-5〉가 두 자연수의 합으로 분열하는 3가지 방식에 의해서 〈하도, 낙서, 선천팔괘〉가 생성됨을 증명하였다.

다섯째, 공간대칭의 일종인 음양교대대칭이 선천팔괘의 생성에 사용됨을 규명하였다. 그 결과로서 역학에서 사용되는 공간대칭으로는 하도에서 사용된 거울대칭과 선천팔괘에서 사용된 음양교대대칭의 두 종류가 있음을 밝혔다.

여섯째, 시간표시기호체인 하도낙서는 오행을 표시한 것이고 공간표시기호체계인 팔괘는 음양을 표시한 것임을 3[參天]과 2[兩地]의 조합으로 규명하였다.

하도낙서의 천수는 시간에 대한 3의 멱함수이고 지수는 시간에 대한 2의 멱함수이다. 또한 팔괘는 천인지(天人地)로 이루어진 수직적인 3층의 각각에 3 또는 2 중에서 택일(擇一)해서 채운 숫자조합이다.

일곱째, 하도낙서는 개별 숫자로 채워진 수평적 구조이고 팔괘는 3과 2의 수직적 조합임을 증명하였다. 그 결과로서 하도낙서는 회전방향이, 팔괘는 수직적 배열이 중요함을 환기시켰다.

여덟째, 하도에서 낙서로의 전환과정이 금화교역인 것처럼 선천팔괘에서 후천 팔괘로의 전환과정이 괘의 대류인 것을 규명하였다.

아홉째, 현공풍수의 설계원리와 구성기학에서 대충이 생성되는 원리를 수학적 표현으로 규명하였다.

열째, 변효(變爻)를 구궁에서 공간이동으로 표시하는 방법을 도입하여 생기복덕 팔괘와 경방육십사괘의 물리적 실체를 시각화하였다.

유클리드 기하학과 비유클리드 기하학처럼 전제조건에 따라서 삼각형의 세 내각의 합은 180°이기도 하고 아니기도 하다. 중요한 것은 미리 약속된 전제조건 아래에서 논리를 전개하는 사유 능력과 증명하는 방식의 설정 능력이다. 이와 마찬가지로 역학에서 사용되는 많은 전제조건과 공리(公理)는 다른 학문에서처럼 상황과 관점에 따라서 유효할 수도 있고 유효하지 않을 수도 있다. 중요한 것은 특정한 전제조건 아래에서 가설을 설정하고 그 가설을 연역적 논리의 전개와 귀납적 실험으로 증명하여 공리화시키는 사유능력과 연구방법의 배양이다.

이 책의 본질은 시공간의 〈생성, 본질, 응용〉에 대한 가설의 설정과 증명을 위한 논리의 전개능력과 연구능력을 배양하는 것입니다.

2016년 양력 12월 20일 검단의 정겨운 책상에서
서흠 이 승 재

# 이 책의 특징

– 아래 문장에서 주어는 모두 '이 책은'이다. 간결화를 위해서 주어를 모두 생략하였다.

① 팔괘를 눈으로 관찰하면서 마음으로 느낀 것을 시각화시키기 위해서 그림과 수식, 표로 가득 채웠다.

② 역학이 형이상학이 아닌 과학임을 증명하기 위해서 자연과학적인 증명을 주로 사용하였다. 관련된 내용을 고서(古書)에서 인용한 것은 선현(先賢)들의 사유방식을 참조하기 위해서만 사용하였다. 따라서 역학이 시공간의 과학으로 사용되고, 역으로 수학과 과학을 사용하여 역학이 연구되는 계기를 마련하였다.

③ 자연현상이나 숫자의 배치 등을 관찰을 통하여 분류하고 가설을 세우는 과정을 보여주려고 노력하였다. 또한 이러한 가설에 입각하여 전개된 논리를 현상과 부합시켜서 일반적인 공리로 확정하는 훈련을 곳곳에 배치하였다.

④ 하도낙서와 팔괘의 원리가 각종 술수의 해석법에 채용되어 사용됨을 제시하여, 기초적인 원리가 현상적인 발견이나 공학적인 창조로 연결되는 방식을 제시하려고 노력하였다.

⑤ 증명이 불가능한 형이상학적인 언어유희로 포장하지 않았으며, 또한 현학적인 수식으로 치장하지 않으려고 노력하였다. 불가피한 수식도 미리 기초적인 선행지식을 설명하려고 노력하였다.

⑥ 저자의 순수한 연구 성과만으로 집필되었다. 따라서 팔괘에 대한 고서(古書)나 역사적인 주장들을 거의 인용하지 않았다.

# 문장부호 일러두기

① " " : 인용문헌의 글을 적을 때 사용되었다.

② ' ' : 단어를 강조할 때 사용되었다. 또는 새로운 용어를 설명하거나 규정할 때 사용되었다.

③ 〈 〉 : 문맥에서 하나의 단위임을 표시하기 위해서 사용되었다. 또한 〈1년, 양둔과 음둔, 사계절〉처럼 〈 〉에서 쉼표는 단어들 사이가 동등하지 않을 때 사용되고 〈1 · 3 · 5 · 7 · 9〉처럼 〈 〉에서 · 는 단어들 사이가 동등한 자격일 때 사용되었다.

④ [ ] : 부연(敷衍) 설명할 때 사용되었다.

⑤ ( ) : 한글을 한자로 표기하거나, 한글을 영어로 표기할 때 사용되었다. 또한 문맥에서 필요한 내용임에도 불구하고 누락이나 생략된 구절을 보충할 때 사용되었다.

# 자주 사용되는 용어 풀이

(1) 삼재(三才) : 우주를 구축하는 세 가지의 원소(元素)로서 〈하늘[天], 사람[人], 땅[地]〉을 통틀어 이르는 말.

(2) 태극형상수(太極形象數) : 태극이 형상(形象)화된 숫자로서 三才의 구성 요소인 〈天의 5, 人의 5, 地의 5〉로 표현된다. 결론적으로 〈5, 天地의 합인 10, 天人地의 합인 15〉를 압축하여 지칭하는 단어이다.

(3) 사정방(四正方) : 〈3행×3열〉의 9칸으로 된 정사각형에서 가운데인 〈東宮, 南宮, 西宮, 北宮〉

(4) 사우방(四隅方) : 〈3행×3열〉의 9칸으로 된 정사각형에서 모서리인 〈北東宮, 南東宮, 南西宮, 北西宮〉

(5) 천온(天溫) : 공기가 뜨거운 정도

(6) 지한(地寒) : 흙이 차가운 정도

(7) 좌선(左旋) : 시계방향으로 회전운동

(8) 우전(右轉) : 반시계방향으로 회전운동

(9) 생수(生數) : 오행을 생성시키는 숫자로서 자연수 〈1 · 2 · 3 · 4 · 5〉를 일컫는다.

(10) 성수(成數) : 오행을 완성시키는 숫자로서 자연수 〈6 · 7 · 8 · 9 · 10〉을 일컫는다.

(11) 천수(天數) : 홀수인 〈1 · 3 · 5 · 7 · 9〉를 일컫는다.

(12) 지수(地數) : 짝수인 〈2 · 4 · 6 · 8 · 10〉을 일컫는다.

(13) 삼회(三會) : 〈亥子丑 水方 · 寅卯辰 木方 · 巳午未 火方 · 申酉戌 金方〉의 각각을 통합하여 일컫는 용어이다.

(14) 육십사괘(六十四卦)의 명칭은 한자의 발음을 따랐다. '水雷屯'은 '수뢰준'으로, '天山遯'은 '천산둔'으로, '澤地萃'은 '택지췌'로 표기하였다.

# 참고문헌

- 『周易』
- 『推拘』
- 京房, 『京氏易傳』
- 邵雍, 『皇極經世』
- 劉伯溫, 『奇門遁甲秘笈大全』
- 朱熹, 『易學啓蒙』
- 이승재, 『하도낙서의 과학적 탐구』, 도서출판 미래터, 2016.

# 목차

## 1 팔괘의 생성원리

## 2 상수역학에서 팔괘와 하도낙서의 활용

더 알기

# 제1부 들어가며

    제1부에서는 천인지(天人地) 삼재(三才)를 각각 표시하는 태극형상수(太極形象數) 〈5-5-5〉가 두 자연수의 합으로 분열하는 3가지 방식에 의해서 〈하도, 낙서, 선천팔괘〉가 생성됨을 증명하였다. 또한 대류에 의해서 선천팔괘로부터 후천팔괘가 파생되었음을 규명하였다.

    시간표시기호체계인 하도낙서는 삼재 중에서 人의 5가 고정되고 나머지 天의 5와 地의 5가 수직과 수평으로 분열하여 생성된 것이다. 반면에 공간표상기호체계인 선천팔괘는 天人地 삼재의 모든 5가 3과 2로 분열되어 마주 보는 궁에 교대대칭으로 배치된 팔괘 중에서 〈地→人→天〉의 순서로 단계적인 양승음강(陽升陰降)과 오른손 법칙을 적용시킨 것이다.

    금화교역에 의해서 하도로부터 낙서로 전환되는 것처럼, 대류(對流)에 의해서 선천팔괘로부터 후천팔괘로 전환된다.

    괘를 구성하는 각 효가 가지는 숫자의 총합을 기준으로 삼아서 후천팔괘는 홀수인 양괘와 짝수인 음괘로 나누어진다. 이처럼 홀수집합과 짝수집합으로 분획하는 것은 시간표시기호체계인 하도낙서와 후천팔괘가 모두 동일한 체제로 구성되었음을 알려준다. 따라서 공간표상기호체계 중에서 선천팔괘는 공간의 상태를 표시하는 기호의 몸체가 되고, 후천팔괘는 몸체인 선천팔괘가 시간의 흐름 속에서 운용되는 행위가 된다.

# 제1부

## 팔괘의

## 생성원리

# 1장 선천팔괘

　역학(易學)은 시간(時間)의 흐름과 공간(空間)의 상태변화를 연구하는 과학이다. 특히 시간과 공간의 변화는 지구의 공전과 자전에 의해서 발생하는 태양빛의 상태변화에 의해서 규정된다. 따라서 역학에서는 태양빛의 상태변화를 하도낙서(河圖洛書)의 숫자와 팔괘(八卦)의 괘효(卦爻)를 사용하여 표시한다. 더 자세히 살펴보면, 역학은 시간의 흐름을 표시하는 기호로서 하도낙서의 숫자를 사용하고, 공간의 상태를 표상(表象)하는 기호로서 팔괘의 괘효를 사용한다. 그런데 '공시간(空時間, space-time)'의 개념처럼 공간과 시간은 계층적 대응관계로 규정되므로, 공간표상기호체계인 팔괘도 시간표시기호체계인 하도낙서와 대응된 방식으로 설계되었다. 따라서 『하도낙서의 과학적 탐구』의 〈제2부 하도낙서의 과학적 해석→1장 금화교역이 하도에서 낙서로 전환과정이 되는 이유→더 알기〉에 실린 아래의 [그림1]처럼 하도낙서와 선천팔괘(先天八卦)는 동일한 근원인 태극(太極)으로부터 대응적인 방식으로 생성되었다.

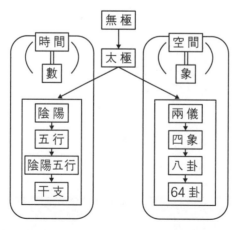

[그림1] 태극으로부터 하도낙서와 팔괘의 파생

결과적으로 시간표시기호체계와 공간표상기호체계는 태극으로부터 도출된 것이다. [그림1]에서 왼쪽에 위치한 〈음양, 오행, 음양오행〉이 하도낙서에 숫자로 표시된 내용이다.

하도낙서와 선천팔괘가 태극으로부터 도출되는 출발점은, [그림2]에 보이는 것처럼 태극이 형상(形象)화된 숫자인 '5와 10, 15'이다. 이 책에서는 앞으로 〈태극이 형상화된 숫자〉를 압축하여 '태극형상수(太極形象數)'라고 일컫는다. 특히 태극형상수의 최소단위로서 태극의 본질에 해당하는 5는 〈$5^n \equiv 5 \pmod{10}$, n은 자연수〉인 동시에 〈$5^n \equiv 5 \pmod 5$, n은 자연수〉이다. 이것은 멱함수인 $5^n$에서 시간의 흐름을 표시하는 지수(指數)가 어떠한 자연수의 값을 갖더라도 항상 자신인 5가 됨을 의미한다. 다시 말해서, 태극형상수의 최소단위인 5는 시간의 흐름 속에서 오직 자신만 존재하므로 결과적으로 시간이 정지된 상태임을 의미한다. 역으로 시간을 표시하는 개별숫자 중 하나인 5의 거듭제곱에서 일의 자리 숫자가 항상 자신인 5가 된다는 것은 시간이 정지된 상태임을 보여주므로 5가 태극의 본질로서 사용된 것이다. 태극형상수 중에서 10은 [그림2]처럼 天人地 三才 중에서 天의 5와 地의 5로 나누어서 표기되기도 한다. 태극형상수 중에서 15는 三才의 구성요소인 〈天의 5, 人의 5, 地의 5〉로 표현된다. 결론적으로 태극형상수는 〈태극의 본질인 5, 天地의 합인 10, 天人地의 합인 15〉를 압축하여 지칭하는 단어이다.

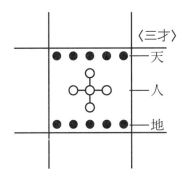

[그림2] 태극이 형상화된 5와 10, 15

태극형상수는 [그림3]처럼 하도의 중심에 표시되어 있으므로, 〈하도의 중심수(中心數)〉라고 지칭할 수도 있다. 태극형상수 중에서 5가 하도의 중심수가

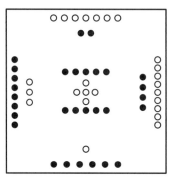

[그림3] 하도

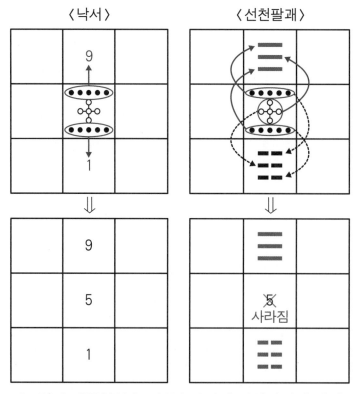

[그림4] 태극형상수로부터 낙서와 선천팔괘의 생성

되는 경우에는 土의 생수(生數)가 되고, 태극형상수 중에서 10이 하도의 중심
수가 되는 경우에는 土의 성수(成數)가 된다. 이처럼 하도도 태극형상수가 중
심이 되어 도출된 것이다. 또한 [그림4]에 보이듯이, 낙서와 선천팔괘도 天人
地를 대표하는 5가 상중하(上中下)로 배열된 태극형상수로부터 생성된 것이
다. 낙서는 三才 중에서 人인 5가 고정되고 나머지 天과 地의 5가 합하여진 10
이 두 자연수의 합으로 분열된 결과물이고, 선천팔괘는 天人地를 대표하는 각
각의 5가 삼천양지(參天兩地)로 분열한 것이다.

　지금까지 살펴본 것처럼, 〈하도, 낙서, 선천팔괘〉는 天人地를 대표하는 5가
상중하로 배열된 태극형상수로부터 도출된 것이다. 역으로 태극형상수 5와 10
이 두 자연수의 합으로 분열되거나 또는 상중하로 배열된 天人地의 5가 모두
두 자연수의 합으로 분열되는 방식을 계산하면, 〈하도, 낙서, 선천팔괘〉가 생성
된 원리를 규명할 수 있다. 다시 말해서, 〈하도, 낙서, 선천팔괘〉는 태극형상수
인 〈5, 10, 15[상중하로 배열된 天人地의 5]〉가 각각 두 자연수의 합으로 분열
되어 [그림5]처럼 방위를 가지는 궁에 배치되는 방식을 표시한 것이다. 따라서
태극형상수가 두 자연수의 합으로 분열되는 방식에 입각한 〈하도, 낙서, 선천
팔괘〉의 생성원리를 이어지는 하위단원에서 탐구한다.

| | | |
|---|---|---|
| 南東宮 | 南宮 | 南西宮 |
| 東宮 | | 西宮 |
| 北東宮 | 北宮 | 北西宮 |

[그림5] 방위로 표시된 사우방과 사정방

# (1) 태극형상수로부터 하도낙서와 팔괘의 생성

역학에서 시간은 단일한 공간 안의 각 지역별 태양에너지 차이를 표시하는 물리량이다(『하도낙서의 과학적 탐구』〈제2부 하도낙서의 과학적 해석→5장 낙서의 산술평균인 5를 통해서 이해되는 오황살의 원리〉를 참고). 이런 시간의 정의에 입각하여 역학은 숫자[성(星)]를 사용하여 시간에 따른 에너지의 양을 표시하는데, 이런 숫자들의 생성원리와 운영규칙을 보여주는 그림[圖]과 그림글[書]이 하도낙서이다. 또한 역학은 괘효를 사용하여 태양에너지가 채워지는 공간[궁(宮)]의 좌표를 표기하는데, 이런 괘효들의 생성원리와 운영규칙을 보여주는 도표가 팔괘이다.

지금까지 살펴본 내용을 토대로, 역학에서 사용되는 공간과 시간의 포함관계가 [그림6]에 제시되었다. 공간인 궁에 시간의 변화에 따른 태양에너지 차이를 표시하는 숫자가 들어가는 것이므로, 팔괘는 하도낙서보다 더 큰 범주가 된다. 실제로 팔괘는 숫자들의 집합인 천수(天數,홀수)와 지수(地數,짝수)의 조합(組合)으로 설계되었다. 더 풀어서 설명하면, 팔괘는 시간을 고정시키고서 공간의 상태변화만을 표시하기 위해서 시간표시기호인 숫자를 3[參天]과 2[兩地]로만 고정시킨 상황에서 상중하(上中下)칸을 홀수와 짝수의 배치상태로 변화시킨다.

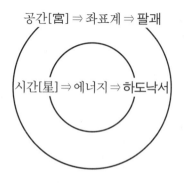

[그림6] 공간과 시간의 포함관계

즉, 팔괘는 홀수와 짝수의 상중하 배치로 짜인 집합이다. 이처럼 팔괘도 하도낙서처럼 숫자로 생성된 것인데, 양효(陽爻)는 3을 상징하고 음효(陰爻)는 2를 상징한 기호이다.

태극형상수인 天人地 三才의 〈5-5-5〉로부터 하도낙서와 팔괘가 생성되는 과정도 [그림6]의 공간과 시간의 포함관계에 부합된다. 시간표시기호체계인 하도낙서는 三才 중에서 人의 5가 고정되고 나머지 天의 5와 地의 5가 수직과 수평으로 분열하여 생성된다. 반면에 시간을 포함하는 공간표상기호체계인 선천팔괘는 天人地 三才의 모든 5가 수직으로 분열하여 생성된다.

## 1) 10의 수직분열에 의한 하도의 생성

개천설(蓋天說)의 천원지방(天圓地方)에 근거한 하도낙서는, 天과 地의 상태를 홀수인 천수와 짝수인 지수로 표시한다. 따라서 하도낙서는 天人地 三才 중에서 天地를 대표하는 태극형상수 10이 두 자연수의 합으로 분열하여 생긴다. 특히 하도는 [그림7]처럼 지구의 공전에 의해서 발생하는 수직적인 물리량인 태양의 적위(赤緯)를 각 계절의 중심 절기에서 관찰되는 태양의 고도와 그림자의 길이로 표시한 그림이다. 이런 하도의 물리적 실체를 본떠서 하도는

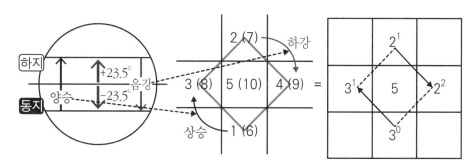

[그림7] 지구의 공전에 의한 태양의 상태를 표시한 하도

天의 태극형상수 5와 地의 태극형상수 5가 [그림8]처럼 수직으로 분열되어 생성된다.

더 자세히 풀어서 살펴보면, 다음과 같다. 하도의 생수(生數)는 三才 중 天地의 태극형상수 5가 각각 〈5=1+4 또는 5=2+3〉으로 분열되는 것을 양둔(陽遁)과 음둔(陰遁)에 맞추어 배치한 것이다. 개별 숫자가 소속되는 홀수와 짝수는 공간을 의미하고, 개별 숫자는 시간의 흐름을 표시한다. 따라서 [그림8]의 위쪽 그림처럼 홀수인 1과 3을 하나의 주머니에 담는 동시에 짝수인 2와 4를 하나의 주머니에 담는 것은 공간을 고정시킨 것이 된다. 또한 홀수가 담긴 주머니에서 개별 숫자 1과 3이 존재하는 것은 시간의 흐름을 표시한 것이 되고, 같

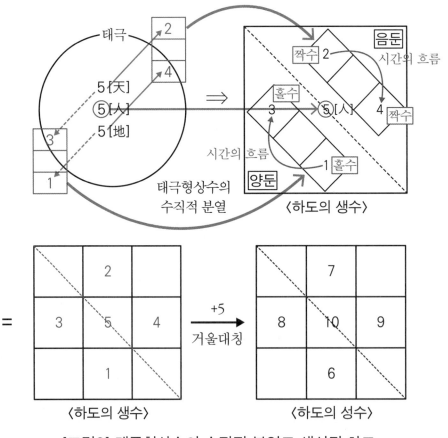

[그림8] 태극형상수의 수직적 분열로 생성된 하도

은 양상으로 짝수가 담긴 주머니에서 개별 숫자 2와 4가 존재하는 것은 시간의 흐름을 표시한 것이 된다. 천수인 홀수가 담긴 주머니 안에서의 시간 흐름은 양(陽)의 시간인 양둔이 되고, 지수인 짝수가 담긴 주머니 안에서의 시간 흐름은 음(陰)의 시간인 음둔이 된다.

지금까지 살펴본 생성원리에 입각하여 하도의 본질은 내부에 존재하는 숫자들이 된다. 따라서 하도의 내부에 존재하는 숫자들을 오행이 생성되는 과정을 표시한 생수라고 지칭한다. 또한 [그림8]의 아래 그림처럼 생수에 거울대칭 연산자인 5를 더하면, 거울상이 되는 성수(成數)가 만들어진다.

위의 [그림8]에 보이는 양둔의 주머니와 음둔의 주머니는, [그림9]에 보이듯이 하나의 대대관계(對待關係)를 형성한다. 이러한 관계는 구궁(九宮)에서 〈묘유궁(卯酉宮) 대충선(對沖線)〉 또는 〈자오궁(子午宮) 대충선〉처럼 하나의 상보적(相補的) 대충선을 형성하는 것이다.

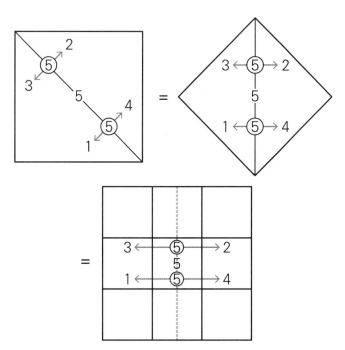

[그림9] 대대관계인 10의 수직적 분열 방식

하도의 생수는 양둔의 주머니와 음둔의 주머니에서 단일(單一)한 대충선을 형성하기 때문에, [그림10]처럼 오행의 상생(相生)과 상극(相剋)의 순서에서 土[5]는 水[1]와 木[3]의 사이와 火[2]와 金[4]의 사이에만 끼일 수 있다. 하도의 생수가 생성되는 과정에서 天의 태극형상수 5가 〈5=3+2〉로 분열되고, 地의 태극형상수 5가 〈5=1+4〉로 분열된다. 따라서 三才 중에서 가운데에 위치한 人의 태극형상수 5[土]는 〈1과 3의 사이〉 또는 〈2와 4의 사이〉에만 위치할 수 있다.

[그림11]처럼 하도의 생수가 상징하는 오행의 상생은 천도좌선의 방향으로 순환한다. 따라서 겉과 속은 서로 반대의 입장을 취하는 원칙에 의해서, 속[내

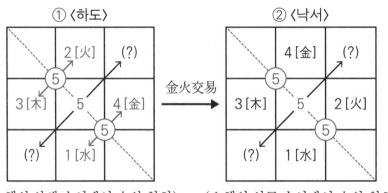

① 〈하도〉　　　　　　　② 〈낙서〉

(오행의 상생 순서에서 土의 위치)　(오행의 상극 순서에서 土의 위치)

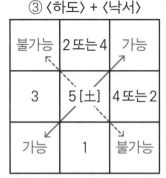

③ 〈하도〉 + 〈낙서〉

(오행의 생극 순서에서 土의 위치)

[그림10] 생수로부터 오행의 생극 순서에서 土의 위치를 결정

부]의 중심인 중궁의 土[5]는 짝수로 형성되는 지도(地道)에 속하는 火[2]와
金[4] 사이에 위치한다. 그 결과로서 〈火生土, 土生金〉의 순서가 된다. 여기에
서 겉과 속이 서로 반대의 입장이 되는 것은 양(陽)과 음(陰)이 이웃할 때에만
인력(引力)으로 결합되어 안정화되기 때문이다. 만약 陽이 陽과 이웃하거나
陰이 陰과 이웃하면, 서로 척력(斥力)으로 밀쳐내서 안정하지 못한 상태가 된
다. 이런 원리에 입각하여 겉이 陽인 천도이면 이웃하는 속은 陰인 지도이고,
겉이 陰인 지도이면 이웃하는 속은 陽인 천도가 된다. 또한 〈천도좌선 지도우
전〉에 의거하여 겉과 속은 정반대의 회전방향을 취한다.

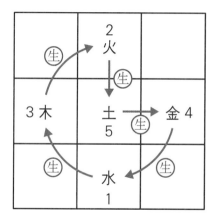

[그림11] 하도의 생수에서 오행의 상생 순서

　낙서에서 생수의 배치는 하도수의 생수 배치 중에서 2[火]와 4[金]를 교환
하여 생성된다. [그림12]처럼 낙서에서 생수가 상징하는 오행의 상극은 지도
우전의 방향으로 순환한다. 따라서 겉과 속은 서로 반대의 입장을 취하는 원
칙에 의해서, 속의 중심인 중궁의 土[5]는 홀수로 형성되는 천도(天道)에 속
하는 木[3]과 水[1] 사이에 위치한다. 그 결과로서 〈木剋土, 土剋水〉의 순서가
된다. 오행의 생극 순서에서 土의 위치는 『하도낙서의 과학적 탐구』〈제2부 하
도낙서의 과학적 해석→9장 하도낙서에서 파생된 60갑자→더 알기〉에도 간결

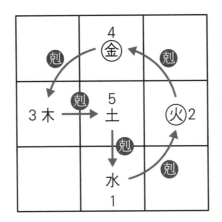

[그림12] 낙서의 생수에서 오행의 상극 순서

하게 실려 있다.

하도가 생성되는 원리를 거시적(巨視的)으로 통찰하기 위해서, 天의 태극

형상수 5와 地의 태극형상수 5가 수직으로 분열되어 생성되는 모든 경우를 조

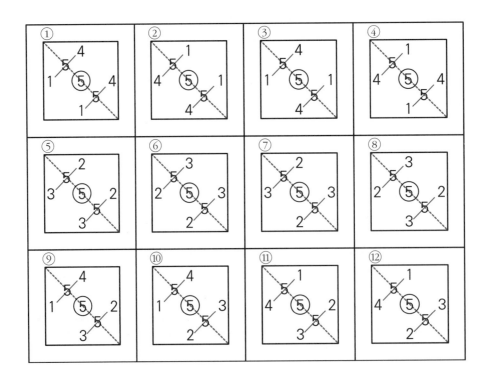

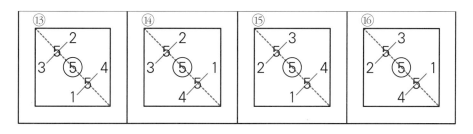

[그림13] 태극형상수 10의 수직적 분열로 생기는 모든 경우

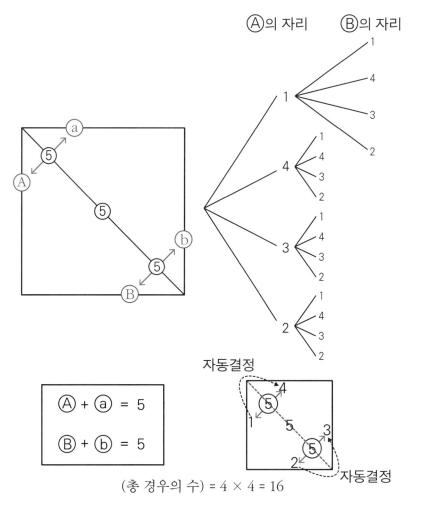

(총 경우의 수) = 4 × 4 = 16

[그림14] 태극형상수 10의 수직적 분열을 표시한 수형도

사하면 [그림13]과 같다. 三才 중 天地의 태극형상수 5가 각각 〈5=1+4 또는 5=2+3〉으로 분열되는 것을 사용하여 두 분획(分劃)에 배치하면, 16개의 배치 조합이 생긴다. [그림13]을 압축하여 수형도(樹型圖)로 표시하면, [그림14]가 된다. 〈(Ⓐ의 자리)+(ⓐ의 자리)=5, (Ⓑ의 자리)+(ⓑ의 자리)=5〉이다. 따라서 (Ⓐ의 자리)에 들어가는 숫자가 정해지면 (ⓐ의 자리)에 들어가는 숫자는 자동적으로 결정되고, 같은 논리로 (Ⓑ의 자리)에 들어가는 숫자가 정해지면 (ⓑ의 자리)에 들어가는 숫자는 자동적으로 결정된다. 또한 〈5=1+4 또는 5=2+3〉으로 분열되므로, (Ⓐ의 자리)와 (Ⓑ의 자리)에 들어가는 숫자는 〈1, 4, 3, 2〉 중에서 하나가 된다. 따라서 天의 태극형상수 5와 地의 태극형상수 5가 수직으로 분열되어 생성되는 모든 경우의 수는 '4×4=16'이 된다. 이런 16개 유형 중에서 하나의 분획에는 다른 2개의 홀수만 들어있고, 또 다른 분획에는 다른 2개의 짝수만 들어있는 경우는 [그림13]에서 〈⑨, ⑫, ⑬, ⑯〉이 된다. 다시 이런 4개의 경우 중에서 왼쪽 분획에는 시간의 흐름에 따라서 홀수가 커지고, 오른쪽 분획에는 시간의 흐름에 따라서 짝수가 커지는 양승음강(陽升陰降)에 부합하는 경우는 ⑬이 된다. 바로 이런 ⑬이 '하도'가 된 것이다.

## 2) 10의 수평분열에 의한 낙서의 생성

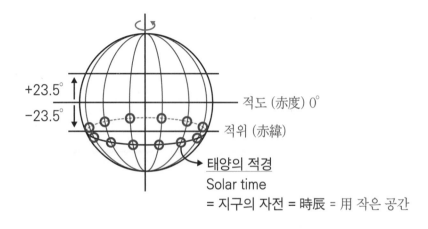

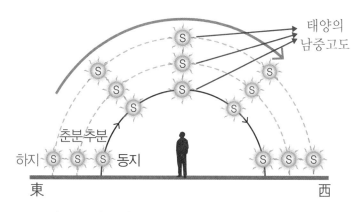

[그림15] 지구의 공전과 자전에 의한 태양의 운동

하도낙서는 天人地 三才 중에서 天地를 대표하는 태극형상수 10이 두 자연수의 합으로 분열하여 생긴다. 특히 낙서는 [그림15]처럼 지구의 자전에 의해서 발생하는 수평적인 물리량인 태양의 적경(赤經)이 측정될 수 있는 천온(天溫)과 지한(地寒)으로 표시된 그림글이다. 이런 낙서의 물리적 실체를 본떠서 낙서는 天의 태극형상수 5와 地의 태극형상수 5가 합하여진 10이 [그림16]처

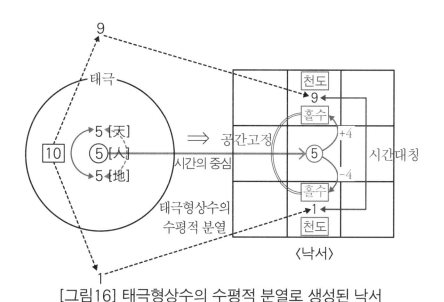

[그림16] 태극형상수의 수평적 분열로 생성된 낙서

럼 수평으로 분열되어 생성된다. 더 자세히 풀어서 살펴보면, 다음과 같다. 낙서는 三才 중 天地의 태극형상수가 합하여진 10이 두 홀수의 합인 〈10=1+9 또는 10=3+7〉로 분열되는 것을 구궁의 사정방(四正方)에 배치하고, 두 짝수의 합인 〈10=2+8 또는 10=4+6〉으로 분열되는 것을 구궁의 사우방(四隅方)에 배치한 것이다. 개별 숫자가 소속되는 홀수와 짝수는 공간을 의미하고, 개별 숫자는 시간의 흐름을 표시한다. 따라서 사정방에서 〈10=홀수+홀수=1+9=3+7〉로 또한 사우방에서 〈10=짝수+짝수=2+8=4+6〉의 숫자 배치는 공간을 고정시키고 중앙의 5를 기준점으로 삼아서 시간대칭이 되는 것을 표시한다.

낙서에서 시간과 공간이 설정되는 원리를 [그림16]을 참조하여 종합하면, [그림17]과 같다. 태극형상수 10이 분열하여 사정방에는 홀수가, 사우방에는 짝수가 배치되어 있다. 역으로 사정방과 사우방의 대칭궁[對稱宮, 마주 보는 궁]에 있는 수들의 합은 모두 10이다. 먼저 사정방을 보면 1과 9의 합이 10이며, 3과 7의 합이 10이다. 두 번째로 사우방을 보면 2와 8의 합이 10이며, 4와 6의 합이 10이다. 홀수는 천수로서 천도(天道)를 의미하며, 짝수는 지수로서 지도(地道)를 의미한다. 이것은 태극형상수 10이 분열하면, 공간은 고정되고 시간의 변화만 발생함을 의미한다. 또한 10의 분열은 중앙의 평균인 5를 기준으로 양의 편차와 음의 편차가 같기 때문에 시간대칭이 발생하게 된다. 따라서 낙서는 고정된 공간에서 발생하는 시간의 변화를 표시한 기호체계가 된다.

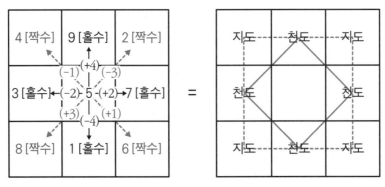

[그림17] 낙서에서 공간과 시간의 설정원리

낙서가 생성되는 원리를 거시적으로 통찰하기 위해서, 天地 태극형상수들의 합인 10이 다시 두 자연수의 합으로 표시되어 구궁에 배치되는 모든 경우를 조사하면 〈[그림18], [그림19]〉와 같다.

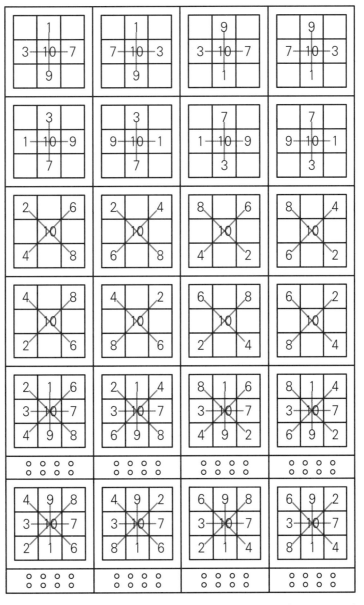

[그림18] 태극형상수 10의 수평적 분열로 생기는 모든 경우

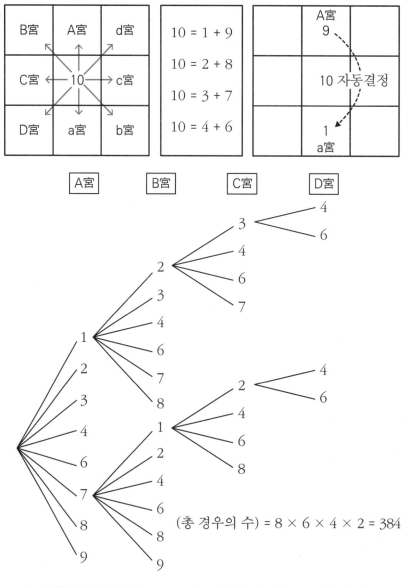

[그림19] 태극형상수 10의 수평적 분열을 표시한 수형도

태극형상수 10은 〈10=1+9, 10=3+7, 10=2+8, 10=4+6〉으로 분열되므로, 1과 9는 하나의 대충선을 채우고 나머지 짝들인 〈(3, 7) (2, 8) (4, 6)〉도 하나의 몸처럼 함께 움직이면서 구궁의 대충선을 채운다. 이처럼 구궁 중에서 중궁을

제외한 나머지 8개의 궁을 〈1, 9, 3, 7, 2, 8, 4, 6〉으로 모두 채울 수 있으므로, 태극형상수의 수직적인 분열 배치인 하도나 선천팔괘처럼 숫자들을 중복하여 사용하지 않는다.

　태극형상수 10의 수평적 분열로 생기는 배치를 [그림18]에서 시각적으로 제시하였다. [그림18]을 압축하여 수형도(樹型圖)로 표시하면, [그림19]가 된다. 〈(A宮)+(a宮)=10, (B宮)+(b宮)=10, (C宮)+(c宮)=10, (D宮)+(d宮)=10〉이다. 따라서 (A宮)에 들어가는 숫자가 정해지면 (a宮)에 들어가는 숫자는 자동적으로 결정되고, 같은 이유로 (B宮)에 들어가는 숫자가 정해지면 (b宮)에 들어가는 숫자는 자동적으로 결정된다. 나머지 대충선도 동일하다. 또한 〈10=1+9, 10=3+7, 10=2+8, 10=4+6〉으로 분열되므로, 먼저 (A宮)에 들어가는 숫자는 〈1, 2, 3, 4, 6, 7, 8, 9〉 중에서 하나가 된다. (A宮)에 들어가는 숫자가 정해지면, (a宮)에 들어가는 숫자는 자동적으로 결정된다. 따라서 (B宮)에 들어가는 숫자는 (A宮)에 들어간 숫자와 자동적으로 (a宮)에 채워지는 〈10-(A宮)〉을 제외한 나머지만 된다. 물론, (B宮)에 들어가는 숫자가 정해지면, (b宮)에 들어가는 숫자는 자동적으로 결정된다. 이와 동일한 방식으로 〈(C宮)-(c宮), (D宮)-(d宮)〉에 들어가는 숫자를 산출할 수 있다. 결과적으로 〈8×(8-2)×(6-2)×(4-2)=8×6×4×2〉가 되어서 총 경우의 수가 384개가 된다. 이런 384개의 경우 중에서 사정방에는 홀수만 사우방에는 짝수만 배치하면서 〈천도좌선 지도우전(天道左旋 地道右轉)〉을 따르는 천온과 지한에 부합하는 것이 '낙서'가 된다.

　참고로 [표1]에 태극형상수 10의 수평적 분열로 생성되는 경우의 수를 순열(順列, permutation) 계산으로 제시하였다.

[표1] 태극형상수 10의 수평적 분열 배치로 생성되는 경우의 수

| | |
|---|---|
| "〈(1, 9) (3, 7) (2, 8) (4, 6)〉가 4개의 대충선에 들어가는 경우의 수: 4!" | (식1) |
| "(1, 9)가 대충선에서 자체적으로 자리를 바꾸는 경우의 수: 2!" | (식2) |
| "(3, 7)이 대충선에서 자체적으로 자리를 바꾸는 경우의 수: 2!" | (식3) |
| "(2, 8)이 대충선에서 자체적으로 자리를 바꾸는 경우의 수: 2!" | (식4) |
| "(4, 6)이 대충선에서 자체적으로 자리를 바꾸는 경우의 수: 2!" | (식5) |
| (총 경우의 수)=4!×2!×2!×2!×2! =(4×3×2×1)×(2×1)×(2×1)×(2×1)×(2×1)=384 | (식1)×(식2)×(식3) ×(식4)×(식5) |

## 3) 15의 수직분열에 의한 선천팔괘의 생성

공간은 시간이 표시하는 에너지가 담겨진 더 큰 물리적인 단위이다. 따라서 공간표상기호체계인 팔괘는 시간표시기호체계인 하도낙서를 포함하는 더 큰 범주(範疇)가 된다. 시간표시기호의 몸체에 해당하는 하도는 天地의 태극형상수 10의 수직적 분열로 생성되었고, 운용에 해당하는 낙서는 天地의 태극형상수 10의 수평적 분열로 생성되었다. 따라서 팔괘는 [그림20]처럼 天地의 태극형상수 10보다 더 큰 단위인 天人地의 태극형상수 15가 수직적으로 분열하는 것으로부터 생성된다. 三才인 天人地를 표시하는 각각의 5가 모두 삼천양지(參天兩地)로 분열하여 서로 마주 보는 궁에 채워진 것이 팔괘이다. 이렇게 三才인

天人地를 표시하는 각각의 5가 〈5=3+2〉만을 사용하여 분열되는 방식은, [그림20]과 [그림21]처럼 숫자의 쌍은 3과 2로 고정되지만 3이 대표하는 홀수와 2가 대표하는 짝수의 조합은 변하게 된다. 시간을 의미하는 개별의 숫자는 3과 2로 고정되어서 시간은 고정되고, 공간을 의미하는 홀수와 짝수로 이루어진 天人地 3층의 수직적 배열이 변하므로 공간의 상태는 변한다.

　다시 한 번 더 상기(想起)한다. 개천설의 천원지방에 근거한 하도낙서와 팔괘는, 天의 상태를 홀수로 표시하고 地의 상태를 짝수로 표시한다. 이런 약속을 반영하여 역학에서는 홀수를 천수(天數)로, 짝수를 지수(地數)로 지칭한다.

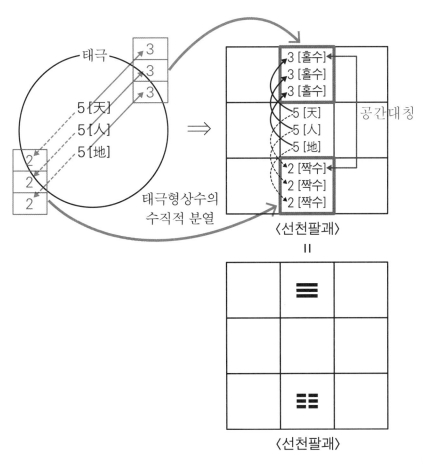

[그림20] 태극형상수 15의 수직적 분열로 생성된 선천팔괘

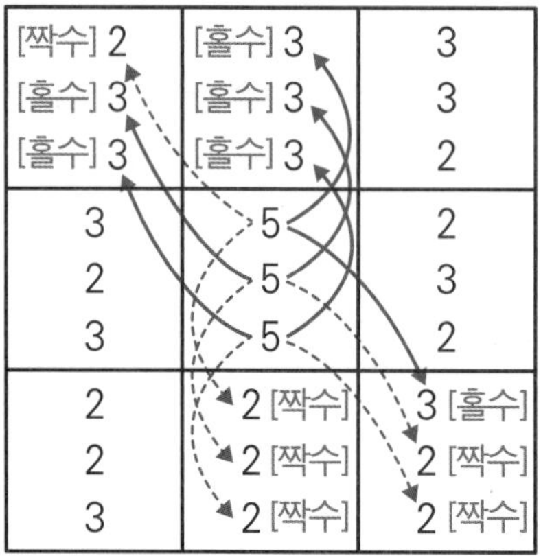

[그림21] 홀수와 짝수의 조합으로 공간의 상태를 표시

따라서 개별 숫자가 소속된 홀수와 짝수의 조합은 공간의 상태를 의미하고, 개별 숫자는 시간의 흐름을 표시한다. 이런 논리로 인해서, 선천팔괘가 공간표상 기호체계가 된 것이다. 지금까지 탐구한 것처럼, 괘(卦)의 기원은 하도낙서처럼 태극형상수이다. 다시 말해서, 하도낙서는 개별적인 숫자에 초점을 둔 것이고 팔괘는 숫자들의 집합에 초점을 둔 것이다. 이런 포함관계는 공간이 태양에너지를 표현한 물리량인 시간을 품는 상위 범주임을 잘 보여준다. 괘의 기원과 본질이 숫자임은 『주역(周易)』「설괘전(設卦傳)」의 다음과 같은 구절에서도 잘 보인다.

"參天兩地而倚數觀變於陰陽而立卦."

"3이 천수가 되고 2가 지수가 되면, 비로소 수(數)에 의지하여 음양의 변화를 관찰해서 괘를 세운다."

선천팔괘는 5로부터 분열된 3과 2로 생성되므로, [그림22]처럼 하나의 궁에 홀수인 3이 들어가면, 반드시 마주 보는 궁에는 짝수인 2가 위치한다. 또한 하나의 궁에 짝수인 2가 위치하면, 반드시 마주 보는 궁에는 홀수인 3이 위치한다. 즉, 2와 3은 중궁을 기준으로 대칭인 위치에 존재한다. 이런 방식의 공간대칭을 '교대대칭(交代對稱, skew symmetry)'으로 지칭한다. [그림22]에서는 〈왼쪽 가장 위 칸〉에 위치한 〈(상, 중, 하)=(2, 3, 3)〉은 〈오른쪽 가장 아래 칸〉에 위치한 〈(상, 중, 하)=(3, 2, 2)〉와 태극수 5의 중앙값인 2.5에 대한 교대대칭의 관계이다. 따라서 〈왼쪽 가장 위 칸〉과 〈오른쪽 가장 아래 칸〉은 교대대칭으로 이루어진 공간대칭의 관계가 된다. 역학에서 사용되는 공간대칭은 크게 두 종류가 있는데, 하나는 거울대칭이고 다른 하나는 교대대칭이다. 공간대칭에 대해서는 바로 이어지는 하위단원인 〈(4)공간대칭과 시간대칭〉에서 더 탐구할 것이다.

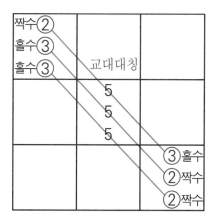

[그림22] 선천팔괘에서 홀수와 짝수의 교대대칭

선천팔괘가 생성되는 원리를 거시적으로 통찰하기 위해서, 天人地 三才의 태극형상수 15가 수평적으로 분열하는 경우와 수직적으로 분열하는 경우를 모두 탐구해본다. 물론, 연역적으로는 공간이 시간을 포함하는 상위의 범주이므로 팔괘는 수직적 분열로 생성될 것이라고 추측할 수 있다. 또한 팔괘는 시간을 고정시키고 공간의 상태만 변하는 것을 표시하는 공간표상기호체계이므

로, 선천팔괘는 개별숫자가 고정된 상황에서 공간의 상태를 표시하는 홀수와
짝수의 조합만 변하는 수직적 분열로 생성될 것이다.

　먼저 天人地 三才의 태극형상수 15를 수평적으로 분열하는 경우부터 조사
한다. 〈15=1+14, 15=2+13, 15=3+12, 15=4+11, 15=5+10, 15=6+9, 15=7+8〉
이므로, 1부터 10까지의 자연수를 사용한다는 기초적인 전제조건부터 만족
시키지 않는다. 또한 7개의 〈(1, 14), (2, 13), (3, 12), (4, 11), (5, 10), (6, 9),
(7, 8)〉 조합이, 구궁에 존재하는 4개의 대충선을 채우기에는 너무 많아서 균
등하게 사용될 수 없다. 에너지를 표시하는 숫자가 공간에서 균등하게 분포되
지 않으면, 균형이 무너져서 불안정한 상태가 된다. 이런 이유로 인해서, 天人
地 三才의 태극형상수 15를 수평적으로 분열하는 것은 선천팔괘의 생성원리

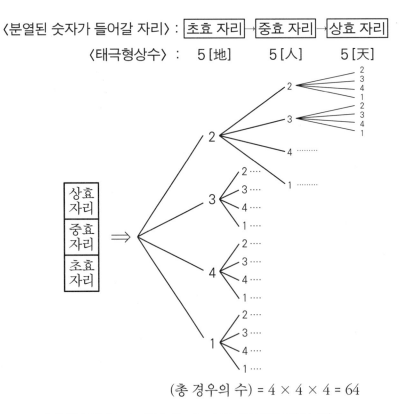

[그림23] 5=2+3과 5=4+1로 생성된 괘의 개수

가 될 수 없다.

두 번째로 天人地 三才의 태극형상수 15를 수직적으로 분열하는 경우를 조사한다. 하도의 생성원리처럼 태극형상수를 수직적으로 분열하는 경우의 수는, 三才의 각 원소를 표시하는 태극형상수 5를 〈(1, 4), (2, 3)〉의 조합으로 나눈 것을 다시 4개의 대충선에 배치하는 방법의 수가 된다. 만약에 위의 [그림 23]처럼 〈5=2+3〉과 〈5=4+1〉를 모두 사용하여 〈가장 아래 칸인 초효(初爻) 자리, 가운데 칸인 중효(中爻) 자리, 가장 위의 칸인 상효(上爻) 자리〉를 채우면, 64개의 괘(卦)가 생긴다. 이런 64개의 괘를 다시 구궁 중에서 중궁을 제외한 나머지 8개의 궁에 채우면, [그림24]처럼 각 궁이 8개의 괘를 가져야만 된다. 이처럼 하나의 궁이 2개 이상의 괘를 가지게 되면, 각 궁에 배치된 괘의 홀수와 짝수의 조합을 이용하여 공간의 상태를 표시하는 것이 불가능해진다. 따라서 궁의 공간 상태를 표시하기 위해서는 태극형상수 5가 두 자연수의 합으로 분열되는 〈5=2+3〉과 〈5=4+1〉를 모두 사용할 수 없고, 이 중에서 한 쌍의 조합만 선택하여 괘를 생성시켜야 한다.

| 3 | 3 | 2 | 2 | 1 | × |
|---|---|---|---|---|---|
| 2 | 4 | 2 | 4 | 3 | × |
| 2 | 2 | 2 | 2 | 2 | × |
| 4 | × |   |   | 4 | × |
| 2 | × |   |   | 3 | × |
| 2 | × |   |   | 2 | × |
| 1 | × | 2 | × | 3 | × |
| 2 | × | 3 | × | 3 | × |
| 2 | × | 2 | × | 2 | × |

[그림24] 64괘로 8개의 궁을 채우기

〈5=4+1〉만을 사용하여 [그림25]처럼 〈가장 아래 칸인 초효 자리, 가운데 칸

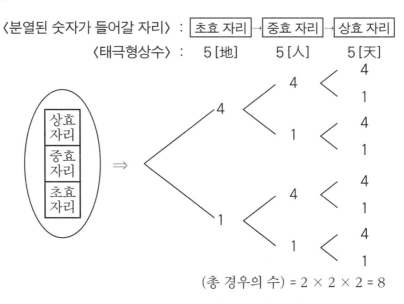

〈분열된 숫자가 들어갈 자리〉: 초효 자리 → 중효 자리 → 상효 자리

〈태극형상수〉:　　5[地]　　5[人]　　5[天]

(총 경우의 수) = 2 × 2 × 2 = 8

[그림25] 5=4+1로 생성된 괘의 개수

인 중효 자리, 가장 위의 칸인 상효 자리〉를 채우면, 8개의 괘가 생긴다. 이런 8
개의 괘를 다시 구궁 중에서 중궁을 제외한 나머지 8개의 궁에 채우면, 각 궁은
1개의 괘만 가지게 된다. 따라서 각 궁에 배치된 괘의 홀수와 짝수의 조합을 이
용하여 공간의 상태를 표시하는 것이 가능해진다.

　〈5=3+2〉만을 사용하여 [그림26]처럼 〈가장 아래 칸인 초효 자리, 가운데 칸
인 중효 자리, 가장 위의 칸인 상효 자리〉를 채우면, 8개의 괘가 생긴다. 이런 8개
의 괘를 다시 구궁 중에서 중궁을 제외한 나머지 8개의 궁에 채우면, 각 궁은 1개
의 괘만 가지게 된다. 따라서 각 궁에 배치된 괘의 홀수와 짝수의 조합을 이용하
여 공간의 상태를 표시하는 것이 가능해진다.

　위의 [그림25]와 [그림26]처럼, 태극형상수 5가 분열된 〈4와 1〉로만 생성된
팔괘와 〈3과 2〉로만 생성된 팔괘는 모두 공간의 상태를 표시하는 기호체계로
사용될 수 있다. 그렇다면, 이 두 가지 경우 중에서 어떤 경우가 더 유효(有效)
한 것일까? 정답은 시간표시기호체계인 하도낙서와의 통일성과 0에서 5까지
의 중앙값인 2.5로부터 발생하는 편차의 최소화로부터 구할 수 있다. 시간표시

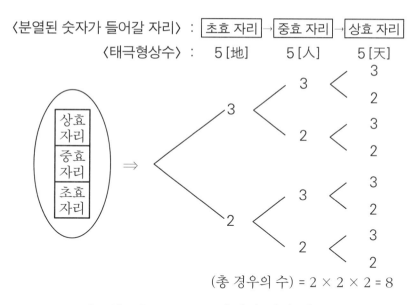

[그림26] 5=3+2로 생성된 괘의 개수

기호체계인 하도낙서는 시간의 흐름에 의한 회전방향이 중요한데, [그림27]과 [그림28]처럼 멱함수의 지수(指數)가 〈천도좌선 지도우전〉의 회전방향을 표

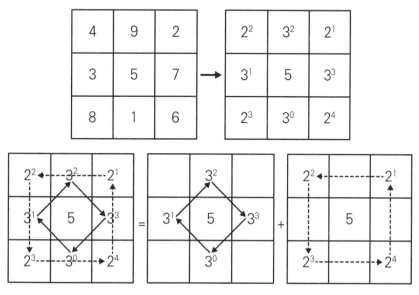

[그림27] 밑이 삼천양지인 멱함수로 표현되는 낙서

시한다. 특히 삼천양지를 사용하여 멱함수의 밑(base)을 표현한다. [그림27] 처럼 낙서에서 천수는 밑이 3인 멱함수이고, 지수는 밑이 2인 멱함수이다. [그림27]은 『하도낙서의 과학적 탐구』의 〈제1부 하도낙서의 과학적 해석에 필요한 기반 지식→1장 하도의 정체〉에도 실려 있다.

　[그림28]처럼 하도에서도 천수는 밑이 3인 멱함수이고, 지수는 밑이 2인 멱함수이다. 이처럼 시간표시기호체계인 하도낙서는 밑이 삼천양지인 멱함수로 표현되므로, 공간표상기호체계인 선천팔괘도 삼천양지인 〈5=3+2〉만을 사용해서 생성된 것이다.

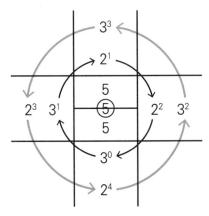

[그림28] 밑이 삼천양지인 멱함수로 표현되는 하도

　삼천양지가 정답이 되는 두 번째 이유는, [그림29]처럼 〈3과 2〉는 天人地 三才의 개별적인 태극형상수 5의 중앙값인 2.5로부터의 편차가 〈1과 4〉보다 작기 때문이다. 만약에 〈1과 4〉를 사용하는 경우에는 〈(上, 中, 下)=(1, 1, 1)〉로서 합이 3

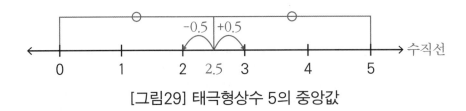

[그림29] 태극형상수 5의 중앙값

이 되는 극한 상황도 존재하고, 마주보는 궁에는 〈5=1+4, 5-1=4〉로 인해서 〈(上, 中, 下)=(4, 4, 4)〉의 조합으로서 합이 12가 되는 극한 상황도 존재한다. 결과적으로는 1부터 10까지의 자연수를 사용하는 하도낙서와 다른 12가 도출되므로, 시간표시기호체계와의 통일성이 무너진다. 따라서 태극형상수 5가 분열된 〈3과 2〉만으로 생성된 팔괘가 공간의 상태를 표시하는 기호체계로 사용될 수 있다.

| 2 | 3 | 3 |
|---|---|---|
| 3 | 3 | 3 |
| 3 | 3 | 2 |
| 3 | 5 | 2 |
| 2 | 5 | 3 |
| 3 | 5 | 2 |
| 2 | 2 | 3 |
| 2 | 2 | 2 |
| 3 | 2 | 2 |

| 3 | 3 | 3 |
|---|---|---|
| 2 | 3 | 3 |
| 2 | 3 | 2 |
| 3 | 5 | 2 |
| 2 | 5 | 3 |
| 3 | 5 | 2 |
| 2 | 2 | 3 |
| 2 | 2 | 3 |
| 3 | 2 | 2 |

| 2 | 3 | 3 |
|---|---|---|
| 3 | 3 | 3 |
| 3 | 3 | 2 |
| 2 | 5 | 3 |
| 3 | 5 | 2 |
| 2 | 5 | 3 |
| 2 | 2 | 3 |
| 2 | 2 | 2 |
| 2 | 2 | 2 |

| 2 | 3 | 2 |
|---|---|---|
| 3 | 3 | 2 |
| 3 | 3 | 3 |
| 3 | 5 | 2 |
| 2 | 5 | 3 |
| 3 | 5 | 2 |
| 3 | 2 | 3 |
| 2 | 2 | 2 |
| 2 | 2 | 2 |

| 2 | 2 | 3 |
|---|---|---|
| 3 | 2 | 3 |
| 3 | 2 | 2 |
| 3 | 5 | 2 |
| 2 | 5 | 3 |
| 3 | 5 | 2 |
| 2 | 3 | 3 |
| 2 | 3 | 2 |
| 3 | 3 | 2 |

| 3 | 2 | 3 |
|---|---|---|
| 2 | 2 | 3 |
| 2 | 2 | 2 |
| 3 | 5 | 2 |
| 2 | 5 | 3 |
| 3 | 5 | 2 |
| 2 | 3 | 3 |
| 2 | 3 | 2 |
| 3 | 3 | 3 |

| 2 | 2 | 3 |
|---|---|---|
| 3 | 2 | 3 |
| 3 | 2 | 2 |
| 2 | 5 | 3 |
| 3 | 5 | 2 |
| 2 | 5 | 3 |
| 3 | 3 | 3 |
| 3 | 3 | 2 |
| 3 | 3 | 2 |

| 2 | 2 | 2 |
|---|---|---|
| 3 | 2 | 2 |
| 3 | 2 | 3 |
| 3 | 5 | 2 |
| 2 | 5 | 3 |
| 3 | 5 | 2 |
| 3 | 3 | 3 |
| 3 | 3 | 2 |
| 2 | 3 | 2 |

| 3 | 3 | 2 |
|---|---|---|
| 3 | 3 | 3 |
| 3 | 2 | 2 |
| 2 | 5 | 3 |
| 3 | 5 | 2 |
| 3 | 5 | 2 |
| 3 | 2 | 2 |
| 2 | 2 | 2 |
| 3 | 3 | 2 |

| 3 | 3 | 2 |
|---|---|---|
| 3 | 3 | 3 |
| 3 | 2 | 2 |
| 3 | 5 | 2 |
| 2 | 5 | 3 |
| 2 | 5 | 3 |
| 3 | 2 | 2 |
| 2 | 2 | 2 |
| 3 | 3 | 2 |

······ ······ ······ ······

[그림30] 태극형상수 15의 수직적 분열로 생기는 모든 경우

〈天-人-地〉에 대응되는 태극형상수 〈5-5-5〉가 모두 〈5=3+2〉에 입각하여 수직으로 분열되어 생성되는 모든 경우를 조사하면 [그림30]과 같다.

특히 태극형상수 5가 대충선에 걸쳐 삼천양지로 분열되므로, [그림31]처럼 낙서에서 〈(1, 9) (3, 7) (2, 8) (4, 6)〉가 하나의 몸처럼 함께 움직이면서 구궁의 대충선을 채우는 것과 동일한 방식으로 팔괘도 구궁의 대충선에 배치된다. 다시 말해서, 팔괘를 (上, 中, 下)로 표현하면 (3, 3, 3)은 (2, 2, 2)와 하나의 몸처럼 대충선에 배치된다. 또한 〈(2, 3, 3)-(3, 2, 2)〉, 〈(3, 2, 3)-(2, 3, 2)〉, 〈(2, 2, 3)-(3, 3, 2)〉의 조합으로 한 몸처럼 대충선의 양쪽 궁에 배치된다. 따라서 〈天-人-地〉에 대응되는 태극형상수 〈5-5-5〉가 각각 3과 2로 분열되어 생성되는 총 경우의 수는, 태극형상수 10이 수평으로 분열되는 경우와 동일하게 384개가 된다. 이런 384개의 경우 중에서 〈地→人→天〉의 순서로 단계적인 양승음강과 오른손 법칙을 적용시킨 것이 '선천팔괘'이다.

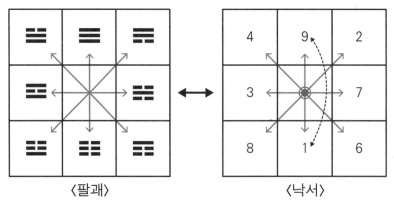

〈팔괘〉　　　　　　　〈낙서〉

[그림31] 팔괘와 낙서의 동일한 배치 방식

## 4) 공간대칭과 시간대칭

[그림32]에서 보이듯이, 역학에서는 공간대칭으로 거울대칭과 교대대칭이 주로 사용된다. 거울대칭은 『하도낙서의 과학적 탐구』의 〈제2부 하도낙서의 과학적 해석→4장 하도낙서가 투영된 육합의 설계 원리〉에 실려 있다. 그러나 교대대칭은 생소한 개념이다. 따라서 먼저 교대대칭에 대해서 자세히 알아본다.

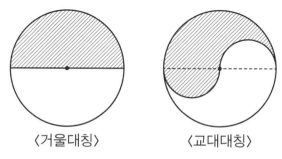

〈거울대칭〉          〈교대대칭〉

[그림32] 역학에서 사용되는 공간대칭의 종류

　　교대대칭(skew symmetry, 交代對稱)의 개념은 수학에서 사용되는 교대행렬(skew symmetric matrix 또는 alternating matrix)을 통해서 쉽게 이해될 수 있다. 교대행렬은 정사각행렬에서 주대각선(主對角線)을 중심으로 대칭의 위치에 있는 원소는 절댓값은 같으나 부호가 서로 반대인 행렬이다. 여기서 '교대'는 주대각선을 중심으로 서로 대칭되는 위치에 있는 원소들의 부호가 플러스(+)와 마이너스(-)로 서로 교대한다는 의미이다. 교대행렬을 '왜대칭행렬(skew symmetric matrix, 歪對稱行列)'이라고도 지칭한다. 참고로 대칭행렬(symmetric matrix, 對稱行列)은 정사각행렬에서 주대각선에 대하여 대칭인 두 원소가 서로 같아지는 행렬이다. [그림33]을 참조하면, 교대행렬과 대칭행렬의 개념을 이해하기가 더 쉬워진다.

　　지금까지 살펴본 교대행렬의 개념을 통하여 교대대칭의 본질을 꿰뚫어 보

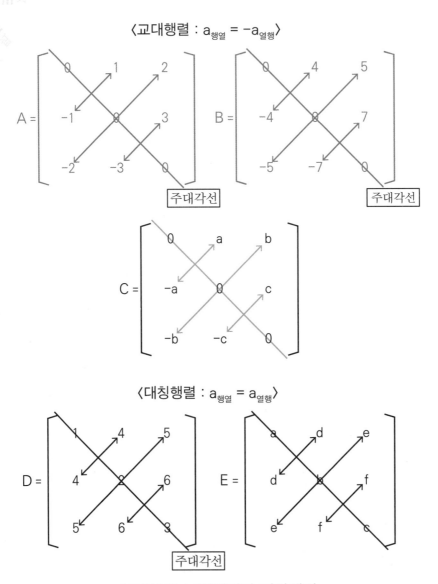

[그림33] 교대행렬과 대칭행렬

면, [그림34]와 같다. [그림34]의 ①에 보이는 것처럼, 교대행렬에서는 주대각선에 위치한 0을 기준으로 대칭인 위치에 있는 한 쌍의 원소들은 절댓값은 같으나 부호만 반대이다. 이것으로부터 교대대칭의 본질을 파악할 수 있다. 교대대칭은 ②처럼 수직선에서 0을 기준으로 반대방향으로 같은 거리만큼 떨어

진 두 점의 관계를 일컫는다. 기준점을 더 확대해서 교대대칭을 살펴보면, ③
과 ④처럼 특정한 기준점으로부터 반대방향으로 같은 거리만큼 떨어진 두 점
은 그 특정한 기준점에 대한 교대대칭의 관계가 된다. ③처럼 天人地 三才의
태극형상수 5들이 각각 3과 2로 분열될 때, 3과 2는 5의 중앙값인 2.5에 대한
교대대칭이 된다. 따라서 선천팔괘는 교대대칭의 공간대칭을 이용하여 설계

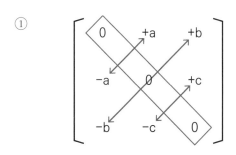

〈0에 대한 교대대칭인 행렬〉

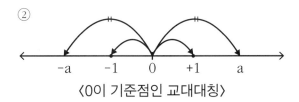

〈0이 기준점인 교대대칭〉

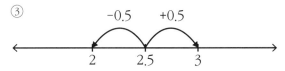

〈2.5가 기준점인 교대대칭〉 = 〈팔괘에서 공간대칭〉

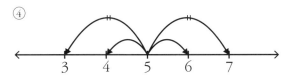

〈5가 기준점인 교대대칭〉 = 〈낙서에서 시간대칭〉

[그림34] 교대대칭의 본질

된 공간표상기호체계이다. ④처럼 낙서는 중궁의 5를 중심으로 〈10=1+9=(5-4)+(5+4), 10=2+8=(5-3)+(5+3), 10=3+7=(5-2)+(5+2), 10=4+6=(5-1)+(5+1)〉인 교대대칭으로 구성되었다. 낙서에서 중궁 숫자 5에 대한 교대대칭이 시간대칭이 된다. 역으로 낙서의 형성원리인 시간대칭은 人의 태극형상수 5를 기준점으로 설정한 교대 대칭이다.

　지금까지 탐구한 교대대칭을『하도낙서의 과학적 탐구』에서 살펴본 〈거울대칭, 시간대칭〉과 결합하여, 공간대칭과 시간대칭을 비교하면 [표2]와 같다.

### [표2] 공간대칭과 시간대칭의 비교

| 비교 항목 | 공간대칭 | | 시간대칭 |
|---|---|---|---|
| | 거울대칭 | 교대대칭 | |
| 연산자 | ±5만큼 평행이동. $y=g(x)=\mathrm{mod}(x\pm5,10)$ | 5의 중앙값인 2.5에 대한 교대대칭. $y=g(x)=5-x$ | 5에 대한 교대대칭. $y=g(x)=2\times5-x$ |
| 홀수와 짝수의 대응관계 | 홀수 ⇔ 짝수 | 홀수 ⇔ 짝수 | 홀수 ⇔ 홀수 짝수 ⇔ 짝수 |
| 시간과 공간의 대칭 | 시간이 고정된 상황에서 공간이 대칭 | 시간이 고정된 상황에서 공간이 대칭 | 공간이 고정된 상황에서 시간이 대칭 |
| 대칭되는 범위 | 天과 地가 대칭 | 天人地 각각의 공간 안에서 음양으로 대칭되면서 하위공간이 발생 | 天地 각각의 공간 안에서 시간이 대칭 |

공간의 상태를 홀수와 짝수를 사용하여 표시하므로, 공간대칭은 '홀짝성 대칭' 또는 '반전성(parity, 反轉性) 대칭'이 된다. 거울대칭에서는 〈1+5=6, 2+5=7, 3+5=3, 4+5=9〉처럼 홀수인 1은 짝수인 6과 대칭되고, 짝수인 2는 홀수인 7과 대칭된다. 이처럼 거울대칭은 홀수는 짝수와 대칭되고, 짝수는 홀수와 대칭된다. 교대대칭에서도 〈1+4=5, 2+3=5〉처럼 홀수인 1은 짝수인 4와 대칭되고, 짝수인 2는 홀수인 3과 대칭된다. 이처럼 교대대칭은 홀수는 짝수와 대칭되고, 짝수는 홀수와 대칭된다.

시간대칭은 〈1+9=10, 3+7=10〉과 〈2+8=10, 4+6=10〉처럼 홀수끼리 또는 짝수끼리 대칭이 발생한다. 따라서 공간은 홀수가 의미하는 天으로 고정되거나 또는 짝수가 의미하는 地로 고정된다.

[표2]에서 공간대칭 중에서 거울대칭은 人의 태극형상수 5를 매개체로 홀수와 짝수가 대칭된다. 이것은 人을 기준으로 天과 地가 대칭됨을 의미한다. 그러나 공간대칭 중에서 교대대칭은 태극형상수의 최소단위인 5가 분열된 삼천양지로 대칭이 표시된다. 다시 말해서, 교대대칭은 [그림35]처럼 전체가 태극형상수 5로 표시되는 天人地 각각을 3과 2로 표시되는 (+)와 (−)의 하위공간으로 분할시킨다.

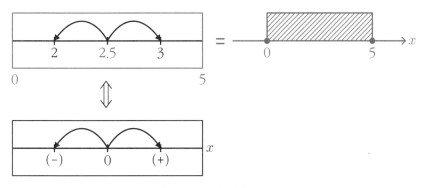

[그림35] 교대대칭의 기능

## (2) 선천팔괘의 배치원리

팔괘의 생성원리는 三才인 〈天-人-地〉에 대응되는 태극형상수 〈5-5-5〉가 각각 3과 2로 분열되어 마주 보는 궁에 교대대칭으로 배치되는 것이다. 이렇게 생성된 384개의 팔괘 중에서 〈地→人→天〉의 순서로 단계적인 양승음강과 오른손 법칙을 적용시킨 것이 '선천팔괘의 배치원리'가 된다. 선천팔괘의 첫 번째 배치원리인 〈地→人→天〉의 순서로 양승음강이 적용되는 것은, 역학에서 공간을 표시하는 방법도 낙서처럼 방원(方圓)의 포함관계를 따르기 때문이다. 다시 말해서, [그림36]처럼 역학은 천원지방(天圓地方)을 기초로 설계된 개천설(蓋天說)에 입각하여 논리가 전개되기 때문에, 땅[方]이 하늘[圓]을 포함한다.

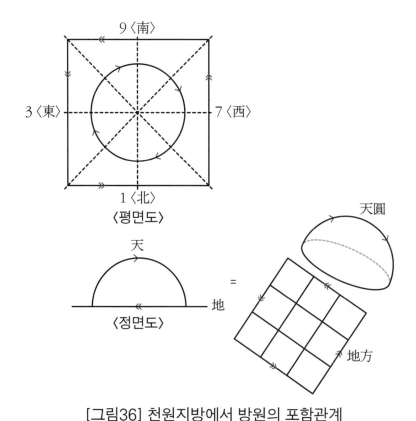

[그림36] 천원지방에서 방원의 포함관계

선천팔괘의 두 번째 배치원리가 오른손 법칙이 되는 것은, 시간표시기호체계인 낙서에서 홀수인 천수가 양승(陽升)하면서 시계방향으로 좌선(左旋)하는 반면에 짝수인 지수는 음강(陰降)하면서 반시계방향으로 우전(右轉)하는 왼손 법칙과 상보(相補)적으로 공간표상기호체계가 설정되기 때문이다.

지금까지 살펴본 선천팔괘의 배치원리를 하위단원인 〈1〉 방원의 계층구조에서 양승음강〉과 〈2〉 신의 왼손은 시간, 신의 오른손은 공간〉, 〈3〉 삼재의 태극형상수들이 방원 구조로 배합되는 원리〉, 〈4〉 선천팔괘의 정량적 분석과 정성적 분석〉에서 더 자세히 탐구한다.

## 1) 방원의 계층구조에서 양승음강

먼저 논리 전개와 설명의 편의를 위해서 선천팔괘의 명칭을 [그림37]에 제시하였다.

선천팔괘는 개천설의 주된 내용인 방원(方圓)의 포함관계에 입각하여 〈地→人→天〉의 순서로 양승음강이 적용된다. 더 풀어서 설명하면, 다음과 같다.

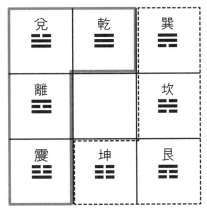

[그림37] 선천팔괘의 명칭

먼저 天人地 중에서 地의 태극형상수 5가 분열된 3[양효(陽爻)]과 2[음효
(陰爻)]가 각각 양의(陽儀)의 주머니와 음의(陰儀)의 주머니가 된다. 양승음강
에 의해서 [그림38]처럼 양의 주머니가 위에 위치하고 음의 주머니가 아래에
위치한다. 이런 배치를 天人地의 삼효(三爻)로 표시하면 [그림39]와 같다.

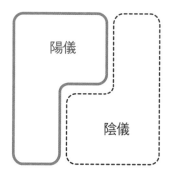

[그림38] 양승음강에 위한 양의와 음의의 배치

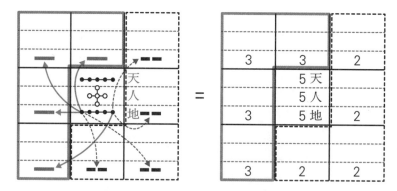

[그림39] 방원 구조에서 방인 地5의 분열

선천팔괘의 두 번째 배치 과정은 양의 주머니와 음의 주머니의 내부를 각각
人의 5가 분열된 3[양효]과 2[음효]로 분획하는 것이다. 이런 분획으로 생긴 4
개의 주머니를 '사상(四象)'이라고 이른다. 결론적으로 地5의 분열로 생긴 양
의와 음의에 人5의 분열까지 가세하여 발생한 사상을 [그림40]에 표시하였다.

〈人을 기준 中爻 변화〉

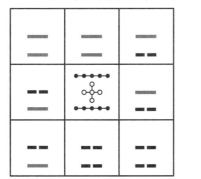 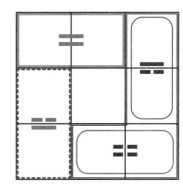

[그림40] 地5와 人5의 분열로 발생한 사상

선천팔괘의 마지막 배치 과정은 사상의 내부를 각각 天의 5가 분열된 3[양효]과 2[음효]로 분획하는 것이다. 이런 분획으로 생긴 8개의 괘가 바로 '선천팔괘'가 된다. 결론적으로 선천팔괘는 태극형상수 〈地5→人5→天5〉의 계층구조식 분열로 생긴 홀수와 짝수의 조합이며, 이를 [그림41]에 표시하였다.

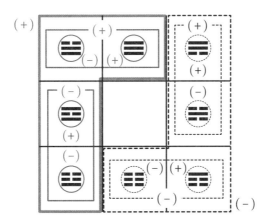

[그림41] 地5→人5→天5의 계층구조식 분열로 생긴 선천팔괘

지금까지 탐구한 선천팔괘의 배치원리에 의해서 괘를 그릴 때에는 〈초효→중효→상효〉의 순서를 따른다.

　육효(六爻)나 대정수(大定數) 등의 각종 술수(術數)에서 선천팔괘가 활용되는 순서는, 방원(方圓)의 포함관계에 입각하여 〈地→人→天〉의 순서로 양승음강이 적용되는 배치원리를 따른다. 또한 겉과 속은 동전의 양면처럼 대대관계(對待關係)를 형성하므로, 〈地→人→天〉의 순서로 이루어진 주머니 안에서는 가벼운 양효[3]가 무거운 음효[2]보다 먼저 활용된다. 다시 말해서, 地5의 분열로 생긴 양의에 속한 4개의 괘가 모두 활용된 다음에 음의에 속한 4개의 괘가 사용된다. [그림42]에 보이는 것처럼, 초효가 양효인 양의에 속한 괘가 ①번부터 ④번까지의 순서가 된 다음에 비로소 초효가 음효인 음의에 속한 괘가 ⑤번부터 ⑧번까지의 순서가 된다.

　양의 주머니와 음의 주머니에 포함된 괘들의 활용되는 순서를 더 세분화시키면 다음과 같다. ①번부터 ④번까지가 속한 양의 주머니에서 중효가 양효인 〈①, ②〉가 음효인 〈③, ④〉보다 더 가벼워서 위에 위치하므로, 중효가 양효인 〈①, ②〉가 먼저 활용되고 음효인 〈③, ④〉가 뒤에 활용된다. 이어서 양의 주머니에서 중효가 양효인 ①과 ② 중에서 상효가 양효인 ①이 상효가 음효인 ②보다 먼저 활용된다. 또한 양의 주머니에서 중효가 음효인 ③과 ④ 중에서 상효가 양효인 ③이 상효가 음효인 ④보다 먼저 활용된다. 지금까지 살펴본 양의 주머니에 속한 4개의 괘가 활용되는 순서를 다시 종합하면, 〈①→②→③→④〉가 된다. ⑤번부터 ⑧번까지가 속한 음의 주머니에서 중효가 양효인 〈⑤, ⑥〉이 음효인 〈⑦, ⑧〉보다 더 가벼워서 위에 위치하므로, 중효가 양효인 〈⑤, ⑥〉이 먼저 활용되고 음효인 〈⑦, ⑧〉이 뒤에 활용된다. 이어서 음의 주머니에서 중효가 양효인 ⑤와 ⑥ 중에서 상효가 양효인 ⑤가 상효가 음효인 ⑥보다 더 가벼워서 먼저 활용된다. 또한 음의 주머니에서 중효가 음효인 ⑦과 ⑧ 중에서 상효가 양효인 ⑦이 상효가 음효인 ⑧보다 먼저 활용된다. 지금까지 살펴본 음의 주머니에 속한 4개의 괘가 활용되는 순서를 다시 종합하면, 〈⑤→⑥→⑦→⑧〉이 된다.

　최종적으로 양의 주머니에 속한 4개의 괘가 먼저 사용되고 음의 주머니에

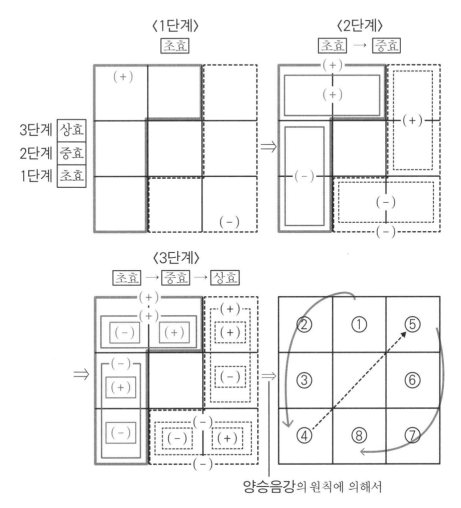

[그림42] 배치원리에 입각한 선천팔괘의 순서

속한 4개의 괘가 나중에 사용되는 것을 결합하면, 선천팔괘의 순서는 〈①→②
→③→④→⑤→⑥→⑦→⑧〉이 된다. 괘의 명칭으로 바꾸어서 표현하면, 선천
팔괘의 순서는 〈건(乾)→태(兌)→리(離)→진(震)→손(巽)→감(坎)→간(艮)→
곤(坤)〉이 된다. 육효나 구성기학 등의 술수에서는 선천팔괘의 순서를 다음과
같은 구절을 통해서 외운다.

① 일건천(一乾天) 건삼련(乾三連): 건괘는 3개의 효가 모두 연결되어 있다.

그래서 건삼련(乾三連)이라 한다.

② 이태택(二兌澤) 태상절(兌上絶): 태괘는 가장 위에 있는 효가 끊어져 있다. 그래서 태상절(兌上絶)이라 한다.

③ 삼리화(三離火) 이허중(離虛中): 이괘는 빈 곳이 가운데 효이므로 이허중(離虛中)이라 한다.

④ 사진뢰(四震雷) 진하련(震下連): 진괘는 가장 아래 효만 연결되어 있다. 그래서 진하련(震下連)이라 한다.

⑤ 오손풍(五巽風) 손하절(巽下絶): 손괘는 가장 아래 효가 끊어져 있다. 그래서 손하절(巽下絶)이라 한다.

⑥ 육감수(六坎水) 감중련(坎中連): 감괘는 가운데 효만 연결되어 있다. 그래서 감중련(坎中連)이라 한다.

⑦ 칠간산(七艮山) 간상련(艮上連): 간괘는 상효만 연결되어 있다. 그래서 간상련(艮上連)이라 한다.

⑧ 팔곤지(八坤地) 곤삼절(坤三絶): 곤괘는 3개의 효가 모두 끊어져 있다. 그래서 곤삼절(坤三絶)이라 한다.


선천팔괘의 배치원리에 대한 폭넓은 탐구를 위해서 다음과 같은 2가지 방법으로도 선천팔괘를 만들 수 있다.

첫 번째로는 개천설이 주된 내용인 방원(方圓)의 포함관계와 정반대인 원방(圓方)의 포함관계에 입각하여 〈天→人→地〉의 순서로 양승음강을 대입하면, 팔괘의 배치는 [그림43]과 [그림44]가 된다. 먼저 天5의 분열로 상효가 양효와 음효인 2개의 가장 큰 주머니로 나누어진다. 다시 상효가 양효인 주머니의 내부는 人5의 분열로 중효가 양효와 음효인 2개의 주머니로 나누어진다. 동일한 방식으로 상효가 음효인 주머니의 내부도 人5의 분열로 중효가 양효와 음효인 2개의 주머니로 나누어진다. 마지막으로 상효가 양효이고 중효가 양효인 주머니는 地5의 분열로 초효가 양효와 음효인 2개의 괘로 나누어진다. 또한 상효가 양효이고 중

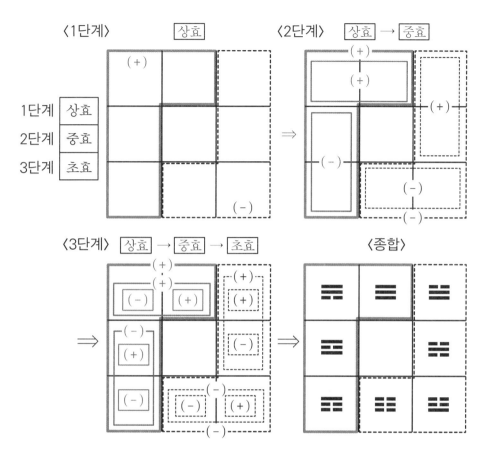

[그림43] 天5→人5→地5의 계층구조식 분열로 생긴 선천팔괘

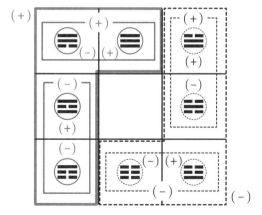

[그림44] 원방의 구조에 입각하여 생성된 선천팔괘

효가 음효인 주머니도 地5의 분열로 초효가 양효와 음효인 2개의 괘로 나누어진다. 동일한 방식으로 상효가 음효이고 중효가 양효인 주머니는 地5의 분열로 초효가 양효와 음효인 2개의 괘로 나누어진다. 또한 상효가 음효이고 중효가 음효인 주머니도 地5의 분열로 초효가 양효와 음효인 2개의 괘로 나누어진다.

두 번째로는 방(方)과 원(圓)의 포함관계를 설정하지 않고 단일한 구조에서 양승음강을 대입하면, 팔괘의 배치는 [그림45]가 된다. 이런 방식은 양효와 음효의 개수로 양의와 음의를 분획한다. [그림45]의 왼쪽 주머니는 양효의 개수가 음효의 개수보다 많은 괘들만 모은 것이고, 오른쪽 주머니는 음효의 개수가 양효의 개수보다 많은 괘들만 모은 것이다. 숫자로 바꾸어 표현하면, [그림45]의 왼쪽 주머니는 〈9와 8〉인 괘들로 구성되고 오른쪽 주머니는 〈6과 7〉인 괘들로 구성된다.

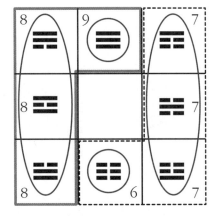

[그림45] 단일구조에서 양승음강으로 생성된 선천팔괘

지금까지 탐구한 것처럼 〈天-人-地〉에 대응되는 태극형상수 〈5-5-5〉가 각각 3과 2로 분열되어 생성된 팔괘를 어떠한 관점에 입각하여 배치하는가에 따라서 다양한 선천팔괘가 규정될 수 있다. 다시 말해서, 팔괘를 특정한 계층구조에 입각하여 양승음강으로 배치하는지 또는 단층(單層)구조에서 양승음강으로 배치하는지에 따라서 다양한 선천팔괘가 규정될 수 있다.

## 2) 신의 왼손은 시간, 신의 오른손은 공간

선천팔괘의 두 번째 배치원리는 오른손 법칙이다. 그렇다면, 오른손 법칙은 무엇일까? 오른손 법칙을 이해하기 위해서는 먼저 낙서가 왼손 법칙으로 배치되었음을 인지해야만 된다.

시간표시기호체계 중에서 시간의 몸체인 하도수(河圖數)가 운용되는 낙서는 [그림46]처럼 홀수인 천수(天數)는 시계방향으로 좌선(左旋)하고, 짝수인 지수(地數)는 반시계방향으로 우전(右轉)한다.

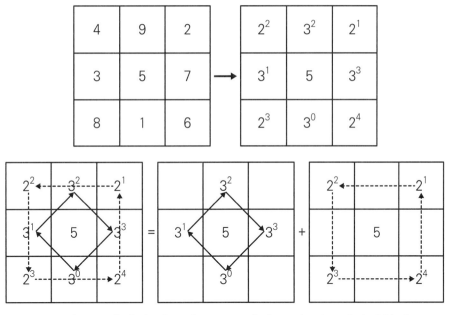

[그림46] 낙서의 거듭제곱꼴 표현이 보여주는 회전방향성

낙서의 〈천도좌선 지도우전〉은 왼손 법칙으로 설명된다. 천수는 단어의 뜻대로 하늘인 위층에 존재하므로, [그림47]처럼 왼손을 엄지손가락이 위로 향하도록 주먹을 말아 쥔다. 이런 상태에서는 엄지손가락을 제외한 나머지 손가락의 회전방향은 시계방향이 된다. 위로 향한 엄지손가락은 천수의 모임인 천도(天

道)라는 공간을 의미하고, 시계방향인 나머지 손가락의 회전방향은 천수가 좌
선함을 의미한다.

[그림47] 왼손으로 표현된 천도좌선

또한 지수는 단어의 뜻대로 땅인 아래층에 존재하므로, [그림48]처럼 왼손
을 엄지손가락이 아래로 향하도록 주먹을 말아 쥔다. 이런 상태에서는 엄지손
가락을 제외한 나머지 손가락의 회전방향은 반시계방향이 된다. 아래로 향한
엄지손가락은 지수의 모임인 지도(地道)라는 공간을 의미하고, 반시계방향인
나머지 손가락의 회전방향은 지수가 우전함을 의미한다.

[그림48] 왼손으로 표현된 지도우전

역학에서는 앞의 [그림6]에서 표시한 것처럼 공간인 궁에 시간에 따른 태양
에너지를 표시하는 숫자가 들어간다. 이것을 바꾸어 표현하면, 공간표상기호
체계인 팔괘는 겉이 되고 시간표시기호체계인 하도낙서는 속이 된다. 역학에
서는 겉의 회전방향과 속의 회전방향은 다르다. 따라서 겉인 선천팔괘는 속인

낙서와 회전방향이 반대로 설계된다. 그 결과로서 선천팔괘는 왼손 법칙으로 표현되는 낙서와 반대로 [그림49]처럼 오른손 법칙으로 배치된다.

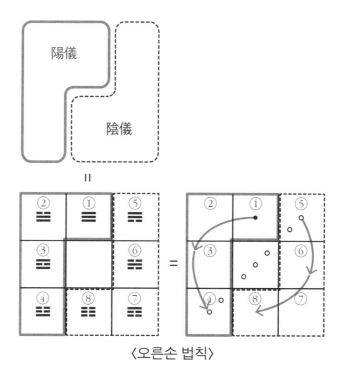

〈오른손 법칙〉

[그림49] 오른손 법칙으로 배치된 선천팔괘

오른손 법칙으로 배치된 선천팔괘를 자세히 탐구하면, 다음과 같다. 양의(陽儀)는 단어의 뜻대로 가벼워서 위층에 위치하는 양(陽)이므로, [그림50]처럼 오른손을 엄지손가락이 위로 향하도록 주먹을 말아 쥔다. 이런 상태에서는 엄지손가락을 제외한 나머지 손가락의 회전방향은 반시계방향이 된다. 위로 향한 엄지손가락은 양의인 공간을 의미하고, 반시계방향인 나머지 손가락의 회전방향은 양의에 속하는 4개의 괘가 우전함을 의미한다.

또한 음의(陰儀)는 단어의 뜻대로 무거워서 아래층에 위치하는 음(陰)이므로, [그림51]처럼 오른손을 엄지손가락이 아래로 향하도록 주먹을 말아 쥔다.

이런 상태에서는 엄지손가락을 제외한 나머지 손가락의 회전방향은 시계방향이 된다. 아래로 향한 엄지손가락은 음의인 공간을 의미하고, 시계방향인 나머지 손가락의 회전방향은 음의에 속하는 4개의 괘가 좌선함을 의미한다.

[그림50] 오른손으로 표현된 양의우전

[그림51] 오른손으로 표현된 음의좌선

만약에 공간표상기호체계인 선천팔괘가 시간표시기호체계인 낙서처럼 왼손법칙으로 배치된다면, [그림52]가 된다.

선천팔괘는 지금으로부터 약 5천여 년 전에 용마(龍馬)로부터 하도를 얻은 복희(伏羲)가 만들었다고 전해진다. 이것을 반영하여 선천팔괘를 '복희팔괘(伏羲八卦)'로 일컫기도 한다. 『주역』「계사전(繫辭傳)」의 "古者包犧氏之王天下也, 仰則觀象於天, 俯則觀法於地,……於是始作八卦……(옛날에 포희씨[복희씨]가 천하를 다스릴 적에, 우러러 보아서 하늘에서 상(象)을 관찰한 것을 본보기로 삼고, 굽어 보아서 땅에서 법(法)을 관찰한 것을 본보기로 삼아서,……, 이에 비로소 팔괘를 만들었다)."에서도 복희가 팔괘를 만들었다

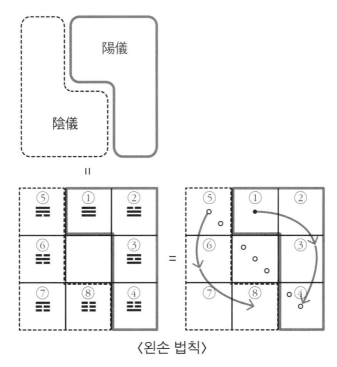

〈왼손 법칙〉

[그림52] 왼손 법칙으로 배치된 선천팔괘

고 명시하였다. 이렇게 5천여 년 전에 이미 동양에서는 '공간은 신의 오른손이고, 시간은 신의 왼손'임을 상수(象數)로 표현하였다. 현대과학에서는 1957년에 노벨물리학상을 수상한 중국계 미국인 Tsung-Dao Lee(李政道)와 Yang Zhenning(楊振寧)가 1956년에 약한 상호작용에서는 홀짝성[parity]이 깨짐을 발견하면서부터 '신(神)은 왼손잡이'임을 깨닫게 되었다. 여기에서 '신은 왼손잡이'라는 구절은 다음과 같은 의미이다. 자연계는 왼쪽과 오른쪽을 차별하는데 특히 약한 상호작용은 왼쪽을 편애한다. 다시 말해서, 공간과 시간은 〈왼쪽 또는 오른쪽〉의 선호(選好)를 가진다. 동양의 역학에서는 이미 5천여 년 전에 '낙서는 신의 왼손, 선천팔괘는 신의 오른손'임을 통해서 자연계의 좌우(左右) 선호를 알려주었다.

## 3) 삼재의 태극형상수들이 방원 구조로 배합되는 원리

선천팔괘는 〈天-人-地〉에 대응되는 태극형상수 〈5-5-5〉가 방원(方圓)의 포함관계에 입각하여 각각 3과 2로 분열되어 교대대칭으로 배치된 것이다. 여기에서 방원의 포함관계에 입각한다는 표현은, 〈地→人→天〉의 순서로 단계적인 양승음강과 오른손 법칙을 적용시킨 것을 의미한다. 그렇다면, 〈天-人-地〉에 대응되는 태극형상수 〈5-5-5〉가 어떤 방식을 통해서 방원의 포함관계로 배합되는 것일까? 다음과 같은 두 가지의 방식을 생각할 수 있다.

첫 번째 방식은, [그림53]처럼 〈天-人-地〉에 대응되는 태극형상수 〈5-5-5〉가 수직으로만 분획된 상태에서 통합되는 것이다. 그러나 이런 방식은 〈天-人-地〉가 모두 동등해서 방원의 포함관계로 배합될 수 없다. 따라서 이런 방식은 채용될 수 없다.

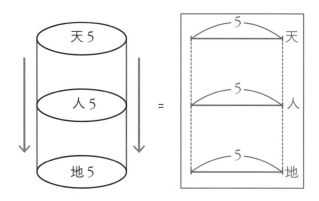

[그림53] 수직으로만 분획된 天人地 태극형상수의 배합

두 번째 방식은, 선천팔괘를 xy-좌표평면에 표시해서 관찰하는 것으로부터 유추될 수 있다. [그림54]에 보이듯이 사상(四象)은 xy-좌표평면에 표시될 수 있으나 팔괘는 x축과 y축 이외에 새로운 z축이 필요하다. 따라서 [그림55]처럼 〈天-人-地〉에 대응되는 태극형상수 〈5-5-5〉가 각각 〈z축-y축-x축〉의 독립

된 축이 되는 동시에 선천팔괘가 분획되는 기준을 〈z축⊂y축⊂x축〉으로 설정하는 것이 두 번째 방식이 된다. ⊂는 포함관계를 표시하는 기호이다. 다시 말해서, 〈z축⊂y축⊂x축〉의 설정은 방원의 포함관계로 선천팔괘가 배치되도록 만든다. 또한 각 축에서 陽의 구간은 3을 사용하여 표시되었고, 陰의 구간은 2를 사용하여 표시되었다.

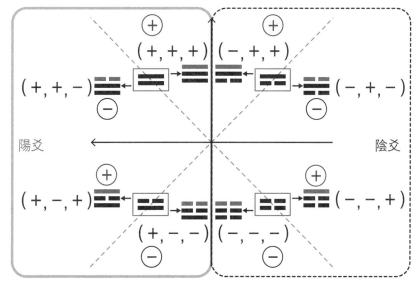

[그림54] xy-좌표평면에 표시된 사상과 선천팔괘

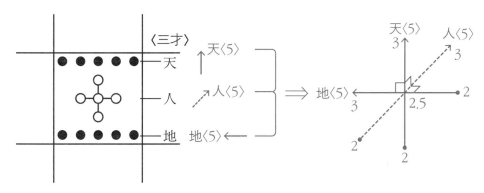

[그림55] xyz-좌표공간에 표시된 삼재의 태극형상수

두 번째 방식을 통한 〈양의, 사상, 선천팔괘〉의 생성은 [그림56]처럼 표시될 수 있다. 또한 [그림57]처럼 행렬을 통해서도 〈z축-y축-x축〉의 좌표공간에 배치된 선천팔괘를 표시할 수 있다.

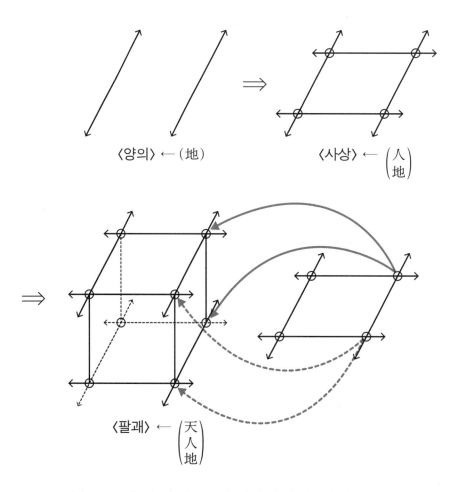

[그림56] xyz축인 삼재로부터 생성된 양의, 사상, 선천팔괘

두 번째 방식을 다시 간략하게 압축하면, 다음과 같다. 두 번째 방식은 삼재의 태극형상수들이 각각 〈z축-y축-x축〉의 독립된 축이 되는 동시에 선천팔괘가 분획되는 기준을 〈z축⊂y축⊂x축〉으로 설정하는 것이 된다. 이런 방원 구조

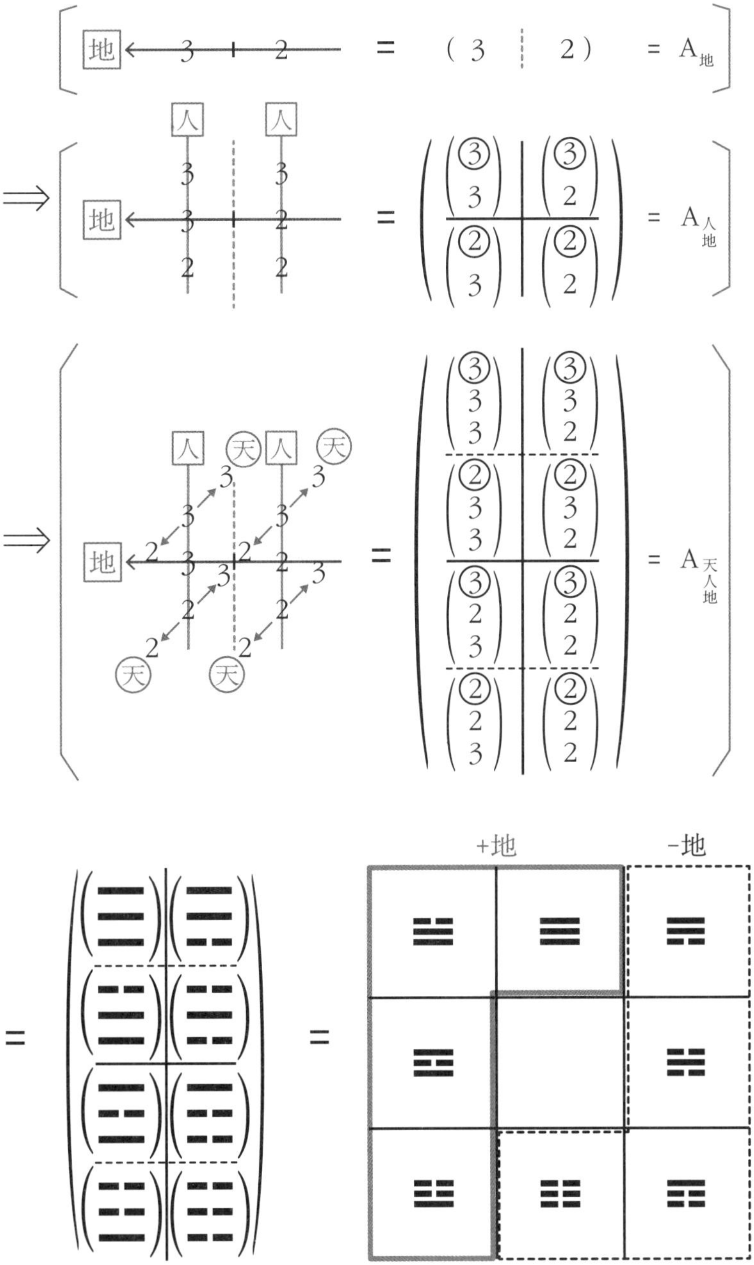

[그림57] 3차원인 선천팔괘의 행렬 표시

의 삼재의 태극형상수들의 배치는 [그림58]이 된다. 여기에서 삼재의 태극형
상수들은 '삼극(三極)'으로 압축하여 지칭하기도 한다. [그림58]에서 왼쪽 그
림인 가장 큰 원이 地의 태극형상수 5이고, 가운데 그림에서 두 번째로 큰 원 2
개는 人의 태극형상수 5이고, 오른쪽 그림에서 가장 작은 원 4개는 天의 태극
형상수 5이다. 또한 선천팔괘의 삼극 표시는 방원의 포함관계로 배합된 태극
의 프랙탈(fractal) 구조를 보여준다. 따라서 방원의 포함관계로 배합된 태극의
프랙탈 구조는 〈자기닮음 계층구조(self-similar hierarchy)〉가 된다.

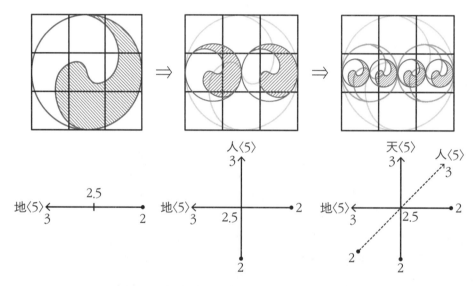

[그림58] 방원의 포함관계로 설정된 삼극 표시

입체로 표시된 선천팔괘를 역으로 다시 〈天→人→地〉의 순서로 삼천양지를
합해서 〈선천팔괘→사상(四象)→양의(兩儀)→태극〉으로 환원시키면, [그림
59]와 같다. 가장 먼저 天의 태극형상수가 분열된 3과 2를 환원시키기 위해서,
선천팔괘를 수평투상(水平投象)한다. 그 결과 [그림59]의 ①처럼 같은 세로축
에 위치한 $A_1$의 天3과 $A_2$의 天2과 합하여 天5가 된다. 이와 동일한 방식으로 $A_3$
의 天3과 $A_4$의 天2과 합하여 天5가 되고, $A_5$의 天3과 $A_6$의 天2과 합하여 天5가

되며, $A_7$의 天3과 $A_8$의 天2과 합하여 天5가 된다. 결과적으로 수평투상은 선천 팔괘를 사상으로 환원시킨다. 수평투상은 사물을 수평 방향으로 절단하여 바로 위에서 내려다보는 것을 의미한다. 수평투상은 건축설계에서는 평면도(平面圖)가 되고, 역학에서는 부찰도(俯察圖)가 된다. 두 번째 과정인 ②처럼 人의 태극형상수가 분열된 3과 2를 환원시키기 위해서 사상 중에서 〈$A_1$+$A_2$〉의 人3과 〈$A_3$+$A_4$〉의 人2를 합하여 人5가 되고, 〈$A_5$+$A_6$〉의 人3과 〈$A_7$+$A_8$〉의 人2를 합하여 人5가 된다. 결과적으로 人을 5로 환원시킴은 사상을 양의(兩儀)로 환원시킨다. 세 번째 과정인 ③처럼 地의 태극형상수가 분열된 3과 2를 환원시키기 위해서 양의 중에서 〈$A_1$+$A_2$+$A_3$+$A_4$〉의 地3과 〈$A_5$+$A_6$+$A_7$+$A_8$〉의 地2를 합하여 地5가 된다. 결과적으로 地를 5로 환원시킴은 양의를 태극으로 환원시킨다.

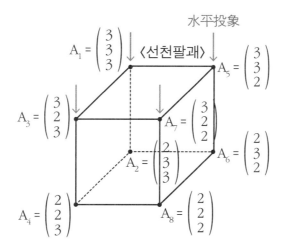

① 〈人地평면에 수평투상〉 = 〈(天의 3) + (天의 2)〉 : 4개의 점

$$\begin{pmatrix} 5 \\ 3 \\ 3 \end{pmatrix} = \langle A_1 + A_2 \rangle \bullet \qquad \bullet \langle A_5 + A_6 \rangle = \begin{pmatrix} 5 \\ 3 \\ 2 \end{pmatrix}$$

$$\begin{pmatrix} 5 \\ 2 \\ 3 \end{pmatrix} = \langle A_3 + A_4 \rangle \bullet \qquad \bullet \langle A_7 + A_8 \rangle = \begin{pmatrix} 5 \\ 2 \\ 2 \end{pmatrix}$$

② 〈세로로 두 점을 합침〉= 〈(人의 3) + (人의 2)〉: 2개의 점

$$\begin{matrix} \langle A_1 + A_2 \rangle & \bullet \\ + \\ \langle A_3 + A_4 \rangle & \bullet \end{matrix} \qquad \begin{matrix} \bullet & \langle A_5 + A_6 \rangle \\ & + \\ \bullet & \langle A_7 + A_8 \rangle \end{matrix}$$

$$=$$

$$\begin{pmatrix} 5 \\ 5 \\ 3 \end{pmatrix} \qquad\qquad \begin{pmatrix} 5 \\ 5 \\ 2 \end{pmatrix}$$

③ 〈가로로 두 점을 합침〉= 〈(地의 3) + (地의 2)〉: 1개의 점

$$\langle A_1 + A_2 + A_3 + A_4 \rangle \quad \langle A_5 + A_6 + A_7 + A_8 \rangle$$

$$\bullet \qquad + \qquad \bullet \qquad = \qquad \bullet \ \langle A_1 + A_2 + A_3 + A_4 + A_5 $$
$$+ A_6 + A_7 + A_8 \rangle$$

$$=$$

$$\begin{pmatrix} 5 \\ 5 \\ 5 \end{pmatrix}$$

[그림59] 선천팔괘를 태극으로 환원시키는 과정

## 4) 선천팔괘의 정성적 변화와 정량적 변화

정성분석(定性分析, qualitative analysis)은 분석할 대상이 되는 물질이 어떤 성분으로 구성되어 있는지를 찾아내는 것이다. 정성분석에서 구성성분의 정체를 밝혀내면, 이어서 밝혀진 구성성분의 양을 측정하는 것이 정량분석(定量分析, quantitative analysis)이다. 다시 말해서, 정량분석은 분석할 대상이 되는 물질에 포함된 성분의 양을 측정하는 것이다.

정성분석과 정량분석을 다음처럼 3개의 과정을 통해서 선천팔괘에 차용한다. 첫 번째로 태극형상수 5로부터 생성된 양효를 3[삼천(參天)]으로, 음효를 2[양지(兩地)]로 설정한다. 두 번째로 3인 양효와 2인 음효를 모두 더해서 괘

를 표시하는 숫자를 도출한다. 이렇게 숫자로 표시된 괘를 '숫자괘(數字卦)'라고 이른다. 세 번째로 같은 숫자괘들 사이의 변화를 '정성적 변화'라고 규정하고, 다른 숫자괘들 사이의 변화를 '정량적 변화'라고 규정한다.

숫자괘로 표시된 선천팔괘의 정성적 변화와 정량적 변화는, [그림60]처럼 양의(兩儀)를 대표하는 건괘(乾卦)로부터 시작되고, 음의(陰儀)를 대표하는 곤괘(坤卦)로부터 시작된다.

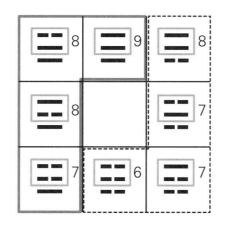

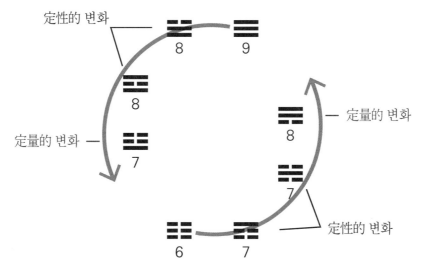

[그림60] 선천팔괘의 정성적 변화와 정량적 변화

양의에 속해서 초효가 양효인 4개의 괘인 〈건괘(乾卦), 태괘(兌卦), 이괘(離卦), 진괘(震卦)〉를 숫자괘로 바꾸면, 〈건괘는 9, 태괘는 8, 이괘는 8, 진괘는 7〉이 된다. 건괘[9]에서 태괘[8]로 이동은 정량적 변화이다. [그림61]처럼 건괘에서 상효자리에 위치한 양효가 음효로 바뀌었기 때문이다. 그러나 태괘[8]에서 이괘[8]로 이동은, 같은 숫자괘로의 이동이므로 정성적인 변화이다. 양효와 음효의 개수는 변하지 않은 상황에서 태괘의 상효에 있었던 음효의 위치만 이괘의 중효로 이동하였기 때문이다. 이괘[8]에서 진괘[7]로 이동은 다른 숫자괘들 사이의 변화이므로, 정량적인 변화가 된다. 또한 양효의 개수가 건괘는 3개이고, 태괘와 이괘는 2개인데, 진괘는 1개가 된다. 마지막으로 진괘[7]에서 음의의 대표인 곤괘[6]로 이동은 다른 숫자괘들 사이의 변화이므로, 정량적인 변화가 된다.

[그림61] 선천팔괘에서 건곤괘로부터 시작된 초기변화

음의에 속해서 초효가 음효인 4개의 괘인 〈곤괘(坤卦), 간괘(艮卦), 감괘(坎卦), 손괘(巽卦)〉를 숫자괘로 바꾸면, 〈곤괘는 6, 간괘는 7, 감괘는 7, 손괘는 8〉이 된다. 곤괘[6]에서 간괘[7]로 이동은 정량적 변화이다. [그림61]처럼 곤괘에서 상효자리에 위치한 음효가 양효로 바뀌었기 때문이다. 그러나 간괘[7]에서 감괘[7]로 이동은, 같은 숫자괘로의 이동이므로 정성적인 변화이다. 양효와 음효의 개수는 변하지 않은 상황에서 간괘의 상효에 있었던 양효의 위치만 감괘의 중효로 이동하였기 때문이다. 감괘[7]에서 손괘[8]로 이동은 다른 숫자괘들 사이의 변화이므로, 정량적인 변화가 된다. 또한 음효의 개수가 곤괘는 3개이고, 간괘와 감괘는 2개인데, 손괘는 1개가 된다. 마지막으로 손괘[8]에서 양의 대표인 건괘[9]로 이동은 다른 숫자괘들 사이의 변화이므로, 정량적인 변화가 된다.

　지금까지 탐구한 선천팔괘를 마무리하면서, 핵심을 정리하면 다음과 같다. 유사(有史) 이래로 괘의 기원에 대한 다양한 가설과 논의가 있었다. 그러나 이 책을 통해서 선천팔괘의 본질은 하도낙서와 동일하게 숫자이고, 원천은 三才인 天人地를 표시하는 각각의 태극형상수인 〈5-5-5〉임이 규명되었다. 태극형상수 5를 天을 대표하는 홀수 3과 地를 대표하는 짝수 2로 분열시켜서 생긴 홀수와 짝수의 조합으로만 공간의 상태를 표시한 것이, 괘의 물리적 실체이다. 1부터 10까지의 자연수는 시간의 흐름을 표시하고, 이런 자연수의 소모임인 홀수와 짝수는 천지(天地) 공간의 상태를 표시한다.

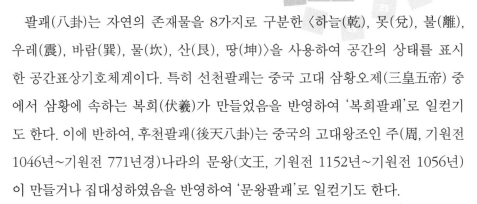

# 2장

# 후천팔괘

팔괘(八卦)는 자연의 존재물을 8가지로 구분한 〈하늘(乾), 못(兌), 불(離), 우레(震), 바람(巽), 물(坎), 산(艮), 땅(坤)〉을 사용하여 공간의 상태를 표시한 공간표상기호체계이다. 특히 선천팔괘는 중국 고대 삼황오제(三皇五帝) 중에서 삼황에 속하는 복희(伏羲)가 만들었음을 반영하여 '복희팔괘'로 일컫기도 한다. 이에 반하여, 후천팔괘(後天八卦)는 중국의 고대왕조인 주(周, 기원전 1046년~기원전 771년경)나라의 문왕(文王, 기원전 1152년~기원전 1056년)이 만들거나 집대성하였음을 반영하여 '문왕팔괘'로 일컫기도 한다.

후천팔괘에 대한 기록은『주역』「설괘전」에 나오는 다음의 구절에서 확인할 수 있다.

"만물(萬物)이 진(震)에서 나오므로, 진(震)은 동방(東方)이다. (만물이) 손(巽)에 가지런하므로, 손(巽)은 동남(東南)이다. 제(齊)라는 것은 만물이 깨끗하게 가지런함을 말함이다. 이(離)라는 것은 밝음인데, 만물이 모두 서로 보는 것은 남방(南方)의 괘(卦)이다. 성인이 남쪽을 향해서 천하의 의견을 듣고 밝은 것을 향하여 다스리는 것은, 다 이것[離卦]을 취했기 때문이다. 곤(坤)이라는 것은 땅인데, 만물이 모두 그 곳[땅]에서 기름을 이루는 까닭에 곤(坤)에서 노역(勞役)이 이루어진다고 말한다. 태(兌)는 중추(仲秋)인데, 만물(萬物)이 기뻐하는 때인 까닭에, 태(兌)에서 기뻐한다고 말한다. 건(乾)에 싸우므로, 건(乾)은 서북(西北)의 괘(卦)이고 음과 양이 서로 가까워진 것을 말한 것이다. 감(坎)은 물인데, 정북방(正北方)의 괘이고 위로(慰勞)를 받는 괘이다. 만물이 돌아가는 곳이 되는 까닭에 감(坎)에서 위로를 받는다고 이른다. 간(艮)은 동북(東北)의 괘인데, 만물이 끝남을 이루는 곳이 되고 시작을 이루는 곳이 되는 까닭에, 간(艮)에서 말씀이 이루어진다고 말한다."

"萬物出乎震, 震東方也. 齊乎巽, 巽東南也. 齊也者言萬物之潔齊也. 離也者明也, 萬物皆相見南方之卦也. 聖人南面而聽天下, 嚮明而治, 蓋取諸此也. 坤也者 地也. 萬物皆致養焉故曰致役乎坤. 兌正秋也, 萬物之所說也故曰說言乎兌. 戰乎乾, 乾西北之卦也. 言陰陽相薄也. 坎者水也, 正北方之卦也. 勞卦也, 萬物之所歸也故曰勞乎坎. 艮東北之卦也, 萬物之所成終而所成始也故曰成言乎艮."

위에 기록된 후천팔괘의 배치는 [그림62]가 된다. 이러한 후천팔괘의 배치를 하도낙서와 비교하여 선천팔괘로부터 후천팔괘로의 전환과정을 유추할 것이다. 또한 선천팔괘로부터 후천팔괘로의 전환과정이 바로 후천팔괘의 생성원리가 된다.

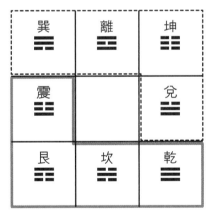

[그림62] 후천팔괘의 배치

# (1) 후천팔괘와 하도낙서의 공통점

후천팔괘를 숫자로 표시한 숫자괘는, [그림63]과 같다. 숫자괘는 태극의 본질인 5에 교대대칭인 3과 2를 각각 양효와 음효로 삼아서 〈초효·중효·상효〉의 총합으로 괘를 표시한다. 예컨대 손괘는 ☴이므로, 손괘를 숫자로 표시하면 〈(초효의 2+중효의 3+상효의 3)=8〉이 된다. 이처럼 후천팔괘를 숫자로 표시하면, 홀수와 짝수의 집합으로 나누어진다. 효의 총합이 홀수인 괘는 홀수괘 또는 '양괘(陽卦)'로 지칭하고, 효의 총합이 짝수인 괘는 짝수괘 또는 '음괘(陰卦)'로 지칭한다. 양괘는 〈건괘[9], 감괘[7], 간괘[7], 진괘[7]〉가 되고, 음괘는 〈곤괘[6], 이괘[8], 손괘[8], 태괘[8]〉가 된다.

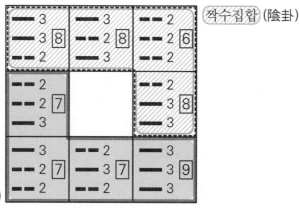

[그림63] 홀수와 짝수의 집합으로 분류된 후천팔괘

후천팔괘를 양괘와 음괘로 나누는 방법은, 각 효가 가지는 숫자의 총합으로 표시하는 방법뿐만 아니라 양효의 개수나 정성(定性)이 사용되기도 한다. 두 방법은 모두 동일한 결과가 도출된다. 양효의 개수가 홀수이면 양괘가 되고, 짝수이면 음괘가 된다. 양효의 개수가 3개인 양괘가 건괘이고, 1개인 양괘가 〈감괘, 간괘, 진괘〉이다. 양효의 개수가 0개인 음괘가 곤괘이고, 2개인 음괘가 〈이괘, 손괘, 태괘〉이다. 또한 정성에 의한 양괘와 음괘의 분류는 다음과 같다. 양효로만 이루어진 건괘는 양괘이고, 음효로만 이루어진 곤괘는 음괘이다. 나머지 괘는 양효와 음효 중에서 오직 하나인 효를 이용하여 양괘와 음괘로 분류된다. 예건대 손괘[☴]는 양효가 2개이고 음효가 1개이다. 따라서 음효를 사용해야만 괘를 대표할 수 있다. 만약 양효를 사용하면, 상효와 중효 중에서 어떤 것을 선택해서 괘를 대표할지가 애매해진다. 오직 하나인 초효자리에 위치한 음효를 사용해서 괘를 대표하므로, 손괘는 음괘가 된다. 감괘[☵]는 음효가 2개이고 양효가 1개이다. 따라서 양효를 사용해야만 괘를 대표할 수 있다. 만약 음효를 사용하면, 초효와 상효 중에서 어떤 것을 선택해서 괘를 대표할지가 애매해진다. 오직 하나인 중효자리에 위치한 양효를 사용해서 괘를 대표하므로, 감괘는 양괘가 된다.

숫자를 사용하여 양괘와 음괘로 분류된 후천팔괘를 오행의 발생을 의미하는 생수(生數)만 사용된 하도와 낙서에 비교하면, [그림64]가 된다. 하도와 낙서 그리고 후천팔괘는 모두 東과 北에 위치한 ㄴ형의 홀수집합과 南과 西에 위치한 ㄱ형의 짝수집합으로 분류된다. 심지어 생수와 성수(成數)가 모두 표시된 낙서에서는 [그림65]처럼 〈水-木〉과 〈金-火〉로 분획된 모양이 후천팔괘에서

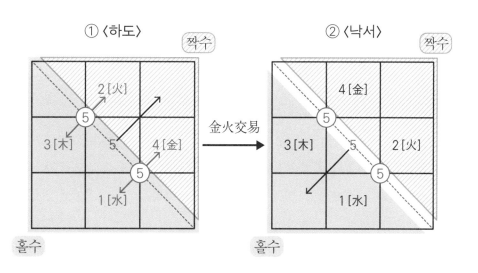

③〈후천팔괘〉

짝수

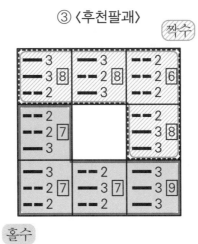

홀수

[그림64] 후천팔괘와 하도낙서의 비교

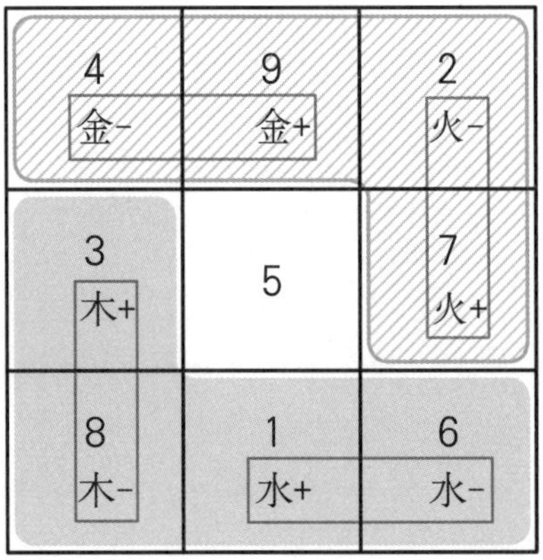

| 4 | 9 | 2 |
|---|---|---|
| 金- | 金+ | 火- |
| 3 | 5 | 7 |
| 木+ |  | 火+ |
| 8 | 1 | 6 |
| 木- | 水+ | 水- |

[그림65] 낙서에서 오행별 분획

양괘와 음괘로 분류된 것과 동일하다.

위에서 탐구한 것처럼, 시간표시기호체계인 하도낙서와 후천팔괘가 모두 동일한 체제로 홀수집합과 짝수집합으로 분획되었다. 이것은 공간표상기호체계인 후천팔괘가 시간표시기호처럼 쓰인다는 의미이다. 따라서 공간표상기호체계 중에서 선천팔괘는 공간의 상태를 표시하는 기호의 몸체가 되고, 후천팔괘는 몸체인 선천팔괘가 시간의 흐름 속에서 운용되는 행위가 된다. 다시 말해서,

선천팔괘는 공간표상기호체계 중에서 체(體)이고 후천팔괘는 용(用)이 된다.

공간표상기호체계인 후천팔괘가 홀수집합과 짝수집합으로 분획된 하도낙서와 동일한 체계로 구성되어 있으므로, 후천팔괘에 오행을 붙이는 방식도 [그림66] 처럼 하도의 생수를 따른다.

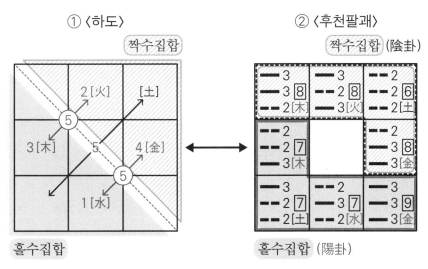

[그림66] 후천팔괘에 배당되는 오행

# (2) 후천팔괘의 생성원리

후천팔괘의 생성원리는 선천팔괘로부터 후천팔괘로의 전환과정이 된다. 따라서 먼저 선천팔괘와 후천팔괘를 비교하여 어떻게 달라졌는지를 관찰해야 된다. 이런 관찰을 쉽게 수행하기 위해서는 극한 상황부터 조사하는 것이 유리하다. 따라서 [그림67]처럼 극양(極陽) 9인 건괘와 극음(極陰) 6인 곤괘가 선천팔괘의 배치로부터 후천팔괘의 배치로 어떤 원리에 의거하여 이동하였는가를 규명해야만 된다.

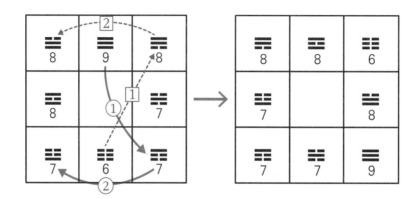

[그림67] 선천팔괘와 후천팔괘의 기초적인 관찰

선천팔괘에서 극양인 건괘는 구궁에서 더 높게 상승(上昇)할 수 없고, 오직 하강(下降)만 할 수 있다. [그림67]에서 가장 뜨거운 건괘[9]는 (-2)층[=行= 줄]의 아래에 위치한 차가운 간괘[7]의 자리로 이동한다. 이것은 뜨거운 건괘 [9]가 이동하여 상대적으로 차가운 간괘의 자리[宮]에 열에너지를 전달한 것이다. 괘가 이동할 때 온도의 증감(增減)은 층의 변화에 의해서만 결정되고, 칸 [=列]의 변화에는 무관하다. 이것을 건괘의 이동으로 설명하면, 다음과 같다. 가장 뜨거운 건괘[9]가 1층만큼 하강하면, 차가운 아래의 팔괘궁(八卦宮)과 가장 먼저 접촉하는 건괘의 초효가 열을 전달하기 위해서 양효에서 음효로 변한다. 이런 전달에 의해서 건괘는 손괘궁으로 이동해야 되는데, 선천팔괘에서 손괘는 건괘와 같은 층에 위치한다. 따라서 건괘가 1층만큼 하강할 수는 없다. 다음으로 건괘가 2층만큼 하강하면, 차가운 아래의 팔괘궁(八卦宮)과 순차적으로 접촉하는 건괘의 초효와 중효가 열을 전달하기 위해서 양효에서 음효로 변한다. 이런 열전달에 의해서 건괘는 간괘궁으로 이동해야 되는데, 다행스럽게도 선천팔괘에서는 간괘가 건괘보다 2층 아래에 위치한다. 따라서 [그림67]의 ①처럼 건괘가 간괘궁으로 이동한다.

괘가 이동할 때 온도의 증감(增減)이 오직 층의 변화에만 의해서 결정되는 것을 다시 곤괘의 이동을 예로 들어서 설명하면, 다음과 같다. 가장 차거운 곤괘[6]가 1층만큼 상승하면, 뜨거운 위의 팔괘궁(八卦宮)과 가장 먼저 접촉하는 곤괘의 상효가 열을 전달받기 위해서 음효에서 양효로 변한다. 이런 열전달에 의해서 곤괘는 간괘궁으로 이동해야 되는데, 선천팔괘에서는 간괘는 곤괘와 같은 층에 위치한다. 따라서 곤괘가 1층만큼 상승할 수는 없다. 다음으로 곤괘가 2층만큼 상승하면, 뜨거운 위의 팔괘궁(八卦宮)과 순차적으로 접촉하는 곤괘의 상효와 중효가 열을 전달받기 위해서 음효에서 양효로 변한다. 이런 열전달에 의해서 곤괘는 손괘궁으로 이동해야 되는데, 다행스럽게도 선천팔괘에서는 손괘가 곤괘보다 2층 위에 위치한다. 따라서 [그림67]의 ①처럼 곤괘가 손괘궁으로 이동한다.

위의 [그림67]처럼 뜨거운 건괘와 차가운 곤괘가 직접 이동하면서 열에너지가 이동하는 현상은 대류(對流, convection)이다. 대류는 액체나 기체 상태의 분자가 직접 이동하면서 열이 이동하는 방법이다. 다시 말해서, 대류는 액체나 기체가 국소적으로 가열될 때 데워진 것이 위로 올라가고 차가운 것이 아래로 내려오면서 전체적으로 데워지는 현상이다. 대류 이외에도 열이 전달되는 방법으로는 전도(傳導, conduction)와 복사(輻射, radiation)가 있다. 전도는 열이 물체를 통하여 이동하는 현상이다. 특히 전도는 물체를 구성하는 분자가 직접 이동하지 않은 상태에서 열을 전달한다. 복사는 매질을 통하지 않고 전자기

파에 의해서 고온의 물체에서 저온의 물체로 열이 직접 전달되는 현상이다. 따라서 선천팔괘의 각 괘들이 직접 이동하여 후천팔괘가 생성되는 현상은 대류를 이용한 것이다.

선천팔괘에서 대류에 의한 열전달 현상을 자세히 탐구하면, [그림68]과 같다. 팔괘궁에서 왼쪽칸은 본래 선천팔괘궁을 의미하고, 오른쪽칸은 이동한 선천팔괘를 의미한다. 오른쪽칸에 위치한 선천팔괘를 '성(星)'이라고 지칭하였다. 가장 위에 위치한 건괘궁의 오른쪽칸에는 가장 뜨거운 건괘성(乾卦星)이 데워진 상태이다. 가장 뜨거운 건괘성[9]은 대류①에 의해서 2층만큼 하강하여 간괘궁[7=9+(-2)=(건괘궁)+(2층만큼 하강)]으로 이동한다. 또한 대류①에 의해서 이동한 건괘성[9]은 간괘궁[7]에게 괘의 숫자 차이인 2[=(9-7)]만큼 열을 전달한다. 그 결과로서 [그림68]의 두 번째 그림처럼 원래 궁과 星이 교대한다. 다시 말해서, 간괘궁은 건괘궁이 되고 간괘궁에 위치한 건괘성은 간괘성(艮卦星)으로 전환된다. 이것은 대류①에 의해서 9인 건괘성이 2층만큼 하강하여 7인 간괘성으로 전환되었음을 의미한다. 간괘성[7]은 뜨거운 위로는 이동할 수가 없다. 괘가 상승하면, 뜨거운 위와 가장 먼저 접촉하는 〈상효→중효→초효〉의 순서로 음효가 양효로 전환되기 때문이다. 이 원칙에 입각하여 상효가 양효인 간괘성[7]이 위로 1층만큼 이동하려면, 상효와 중효가 양효인 손괘궁[8]으로 이동해야 된다. 그러나 손괘궁은 간괘성보다 2층만큼 위에 위치하므로, 간괘성이 뜨거운 위층으로는 이동할 수가 없다. 또한 간괘성[7]은 가장 아래층에 위치하여 하강할 수도 없다. 따라서 간괘성[7]은 같은 층에서만 이동할 수 있다. 같은 층에서의 이동은 온도 차이가 발생하지 않으므로, 같은 숫자괘가 위치한 궁으로만 이동할 수 있다. 다행스럽게도 같은 숫자괘인 진괘궁[7]이 간괘성[7]가 같은 층에 위치하므로, [그림68]의 세 번째 그림처럼 간괘성은 대류②에 의하여 진괘궁으로 이동한다. 비록 간괘성과 진괘궁은 같은 숫자괘일지라도 상효가 양효인 간괘성이 초효가 양효인 진괘궁보다 더 뜨겁다. 왜냐하면 선천팔괘에서 위층이 아래층보다 더 뜨겁다고 설정한 원리에 입

각하여, 같은 숫자괘 안에서도 상효에 양효가 위치한 괘가 상효보다 아래인 중
효나 초효에 양효가 위치한 괘보다 더 뜨겁기 때문이다. 따라서 대류②에 의해
서 이동한 간괘성[7]은 진괘궁[7]에게 양효의 위치 차이만큼 열을 전달한다.
그 결과로서 [그림68]의 네 번째 그림처럼 원래 궁과 星이 교대한다. 다시 말
해서, 진괘궁은 간괘궁이 되고 진괘궁에 위치한 간괘성은 진괘성(震卦星)으로
전환된다. 이것은 대류②에 의해서 7인 간괘성이 상하(上下)를 바꾸는 거울대
칭에 의해서 같은 숫자를 갖는 7인 진괘성으로 전환되었음을 의미한다. 상하
를 바꾸는 거울대칭 관계인 두 개의 괘를 '종괘(宗卦) 또는 도전괘(倒顚卦) 관
계'라고 지칭한다. 앞으로 선천팔괘에서 대류에 의한 괘의 이동을 표시할 때
중간 과정의 성(星)을 생략하고 새로 생기는 궁(宮)만 표시한다. 이렇게 새로

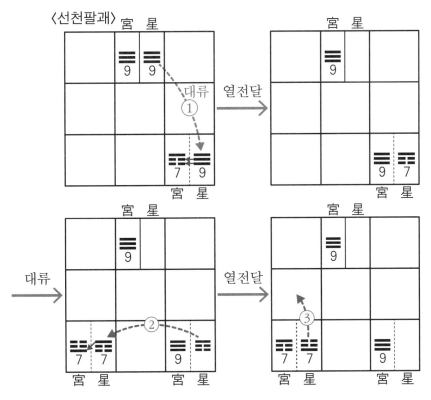

[그림68] 선천팔괘에서 대류에 의한 열전달

생기는 궁이 바로 후천팔괘가 된다.

　지금까지 탐구한 괘의 대류를 통하여 선천팔괘로부터 후천팔괘를 생성시키는 과정은, [그림69]와 [그림70]을 따른다.

　[그림69]는 가장 뜨거운 극양의 건괘[9]가 대류의 시작점이 되어서 후천팔괘의 절반[4개의 괘]을 생성시키는 과정이다. 가장 뜨거운 건괘[9]는 상대적으로 차가운 아래층으로 이동하여 열을 전달한다. 대류에 의한 괘의 이동은 대류에 참여하는 두 괘들 사이의 숫자 차이만큼만 층을 이동한다는 원칙에 의거하여, [그림ⓐ]처럼 건괘[9]는 1층 아래인 이괘[8]나 2층 아래인 간괘[7] 또는 진괘 [7]로만 이동할 수 있다. 여기에서 괘가 하강할 때 차가운 아래층과 가장 먼저 접촉하는 〈초효→중효→상효〉의 순서로 양효가 음효로 전환된다는 원칙에 의거하여, [그림ⓑ]처럼 건괘[9]는 2층 아래에 위치하면서 동시에 〈초효→중효〉의 순서로 양효가 음효로 변한 간괘[7]궁으로 이동한다. 간괘[7]는 [그림ⓒ]처럼 1층 위인 이괘[8]나 같은 층인 진괘[7]로만 이동할 수 있다. 여기에서 괘가 상승할 때 뜨거운 위층과 가장 먼저 접촉하는 〈상효→중효→초효〉의 순서로 음효가 양효로 전환된다는 원칙에 의거하여, 간괘[7]는 1층 위의 이괘[8]로는 이동할 수 없다. 왜냐하면, 간괘는 중효와 초효가 음효이므로 먼저 중효의 자리부터 음효에서 양효로 변해야 되기 때문이다. 따라서 간괘는 [그림ⓓ]처럼 같은 층의 진괘[7]궁으로 이동한다. 진괘[7]는 [그림ⓔ]처럼 1층 위의 이괘[8] 또는 2층 위의 건괘[9]로 이동할 수 있다. 여기에서 괘가 상승할 때 뜨거운 위층과 가장 먼저 접촉하는 〈상효→중효→초효〉의 순서로 음효가 양효로 전환된다는 원칙에 의거하여, 진괘[7]는 1층 위의 이괘[8] 또는 2층 위의 건괘[9]로 이동할 수 있다. 그러나 순차적으로 상효부터 음효가 양효로 전환되므로 진괘[7]는 [그림ⓕ]처럼 1층 위의 이괘[8]궁으로 이동한다. 이괘[8]는 [그림ⓖ]처럼 1층 위의 건괘[9] 또는 1층 아래의 간괘[7]로 이동할 수 있다. 이괘[8]가 간괘[7]로 이동하는 것은 중간 과정으로 회귀하여 대류가 끊긴다. 따라서 이괘[8]는 [그림ⓗ]처럼 1층 위의 건괘[9]궁으로 이동한다. 건괘[9]는 극양의

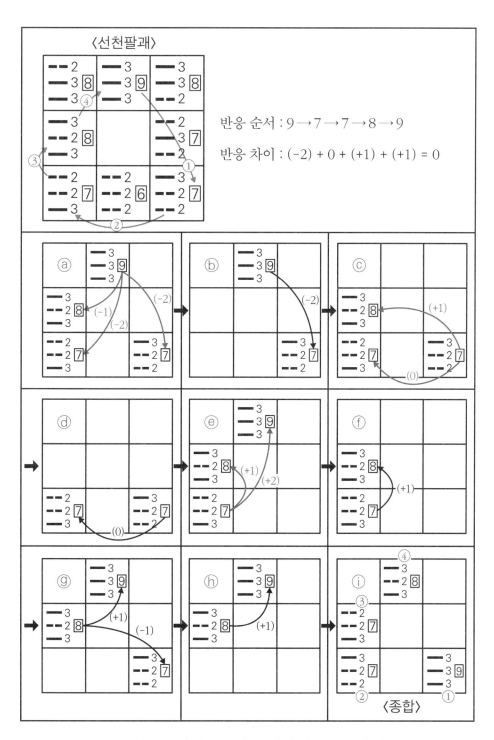

[그림69] 건괘로부터 후천팔괘의 생성과정

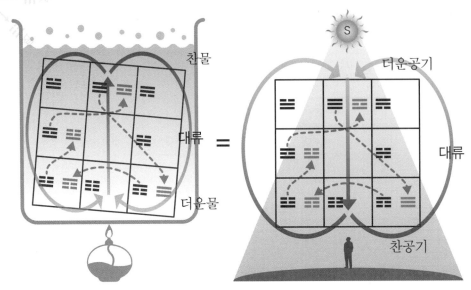

[그림70] 대류를 통한 후천팔괘 생성과정의 시각화

가장 뜨거운 괘로서 선천팔괘에서 괘의 대류가 시작된 근원이다. 그러므로 [그림①]처럼 하나의 순환이 완성되어서, 후천팔괘의 절반이 생성되었다.

지금까지 제시된 선천팔괘의 건괘로부터 후천팔괘의 절반이 생성된 과정을 다시 [그림70]으로 압축하여 시각화시켰다. 왼쪽 그림에서는 컵 속의 물을 알코올램프로 끓여서 대류를 일으켰다. 그러나 후천팔괘의 생성과정은 [오른쪽 그림]처럼 태양에 의해서 데워진 선천팔괘가 대류로 이동하면서 열을 전달한다.

[그림71]은 가장 차가운 극음의 곤괘[6]가 대류의 시작점이 되어서 후천팔괘의 절반[4개의 괘]을 생성시키는 과정이다. 가장 차가운 곤괘[6]는 상대적으로 뜨거운 위층으로 이동하여 열을 전달받는다. 대류에 의한 괘의 이동은 대류에 참여하는 두 괘들 사이의 숫자 차이만큼만 층을 이동한다는 원칙에 의거하여, [그림ⓐ]처럼 곤괘[6]는 1층 위인 감괘[7]나 2층 위인 태괘[8] 또는 손괘[8]로만 이동할 수 있다. 여기에서 괘가 상승할 때 뜨거운 위층과 가장 먼저 접촉하는 〈상효→중효→초효〉의 순서로 음효가 양효로 전환된다는 원칙에 의거하여, [그림ⓑ]처럼 곤괘[6]는 2층 위에 위치하면서 동시에 〈상효→중효〉의 순서로 음효가 양효로 변한 손괘[8]궁으로 이동한다. 손괘[8]는 [그림ⓒ]처

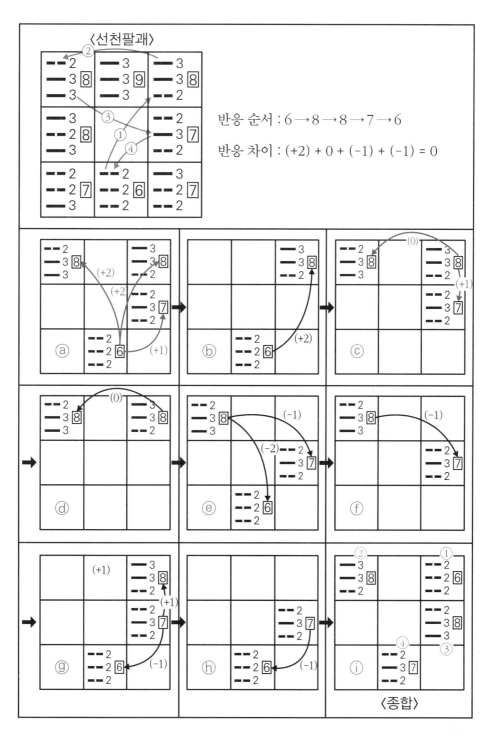

반응 순서 : 6 → 8 → 8 → 7 → 6

반응 차이 : (+2) + 0 + (-1) + (-1) = 0

[그림71] 곤괘로부터 후천팔괘의 생성과정

럼 1층 아래인 감괘[7]나 같은 층인 태괘[8]로만 이동할 수 있다. 여기에서 괘가 하강할 때 차가운 아래층과 가장 먼저 접촉하는 〈초효→중효→상효〉의 순서로 양효가 음효로 전환된다는 원칙에 의거하여, 손괘[8]는 1층 아래의 감괘[7]로는 이동할 수 없다. 왜냐하면, 손괘는 중효와 상효가 양효이므로 먼저 중효의 자리부터 양효에서 음효로 변해야 되기 때문이다. 따라서 손괘는 [그림 ⓓ]처럼 같은 층의 태괘[8]궁으로 이동한다. 태괘[8]는 [그림ⓔ]처럼 1층 아래의 감괘[7] 또는 2층 아래의 곤괘[6]로 이동할 수 있다. 여기에서 괘가 하강할 때 차가운 아래층과 가장 먼저 접촉하는 〈초효→중효→상효〉의 순서로 양효가 음효로 전환된다는 원칙에 의거하여, 태괘[8]는 1층 아래의 감괘[7] 또는 2층 아래의 곤괘[6]로 이동할 수 있다. 그러나 순차적으로 초효부터 양효가 음효로 전환되므로 태괘[8]는 [그림ⓕ]처럼 1층 아래의 감괘[7]궁으로 이동한다. 감괘[7]는 [그림ⓖ]처럼 1층 아래의 곤괘[6] 또는 1층 위의 손괘[8]로 이동할 수 있다. 감괘[7]가 손괘[8]로 이동하는 것은 중간 과정으로 회귀하여 대류가 끊긴다. 따라서 감괘[7]는 [그림ⓗ]처럼 1층 아래의 곤괘[6]궁으로 이동한다. 곤

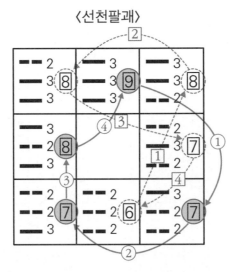

[그림72] 대류에 의한 후천팔괘의 생성과정

괘[6]는 극음의 가장 차가운 괘로서 선천팔괘에서 괘의 대류가 시작된 근원이다. 그러므로 [그림①]처럼 하나의 순환이 완성되어서, 후천팔괘의 절반이 생성되었다.

지금까지 탐구한 선천팔괘에서 건괘로부터 시작된 괘의 대류와 곤괘로부터 시작된 괘의 대류를 결합하면, [그림72]가 된다. 다시 말해서, [그림72]는 대류에 의해서 선천팔괘로부터 후천팔괘가 생성되는 전체과정을 보여준다. 이처럼 후천팔괘가 생성되는 과정을 통해서 대류가 포함된 열전달을 다루는 열역학(熱力學, thermodynamics)이 역학과 결합된 '역학열역학(易學熱力學)'에 대한 설립과 발전이 필요함을 절감할 수 있다.

[그림69]와 [그림71]의 가장 상단에 위치한 반응 순서와 반응 차이를 다시 [표3]에 정리하여 제시한다. 대류 순서 사이의 차이는 대류에 참여하는 괘들 사이의 숫자 차이를 의미한다. 예컨대 〈건괘[9]→간괘[7]〉인 대류에서는 대류 순서 사이의 차이는 〈7-9=-2〉가 된다. 또한 〈진괘[7]→이괘[8]〉인 대류에서는 대류 순서 사이의 차이는 〈8-7=+1〉이 된다. [표3]의 대류 순서 사이의 차이를 통해서 〈건괘로부터 후천팔괘의 생성과정〉과 〈곤괘로부터 후천팔괘의 생성과정〉은 진행방향과 회전방향만 반대이고 변화 차이는 동일하다는 것을 다시 확인할 수 있다.

**[표3] 건괘와 곤괘로부터 후천팔괘가 생성되는 과정 비교**

| 대류의 시작점 | 건괘[9] | 곤괘[6] |
|---|---|---|
| 대류의 순서 | 건괘[9] → 간괘[7] → 진괘[7] → 이괘[8] → 건괘[9] | 곤괘[6] → 손괘[8] → 태괘[8] → 감괘[7] → 곤괘[6] |
| 대류 순서 사이의 차이 | (-2) → 0 → (+1) → (+1) | (+2) → 0 → (-1) → (-1) |

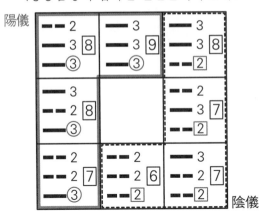

〈양승음강에 입각한 선천팔괘의 분류〉

분류 기준이 반시계방향으로 90° 회전이동

〈홀수짝수에 입각한 후천팔괘의 분류〉

짝수집합(陰卦)

홀수집합(陽卦)

[그림73] 선천팔괘와 후천팔괘의 분류 유형

마지막으로 방원 구조에 입각하여 양의(陽儀)와 음의(陰儀)로 구분된 선천팔괘와 홀수집합인 양괘(陽卦)와 짝수집합인 음괘(陰卦)로 구분된 후천팔괘를 비교한다. [그림73]처럼 공간표상기호체계 중에서 체(體)가 되는 선천팔괘는 세로로 분획되었고, 용(用)이 되는 후천팔괘는 가로로 분획되었다. 이런 분획의 유형은 역학에서 경(經, 세로)이 체가 되고 위(緯, 가로)가 용이 되는 체계에도 부합된다.

더 알기

# 하도낙서와 팔괘의 비교

| 비교 항목 | 하도 | 낙서 | 선천팔괘 | 후천팔괘 |
|---|---|---|---|---|
| 시간과 공간 | 시간표시기호<br>체계의 體 | 시간표시기호<br>체계의 用 | 공간표상기호<br>체계의 體 | 공간표상기호<br>체계의 用 |
| 구조형태 | 圓 | 수평적 方圓 | 수직적 方圓 | 方 |
| 회전방향 | 천도좌선 | 천도좌선<br>지도우선 | 양의우선<br>음의좌선 | 천도좌선 |
| 회전을<br>담당하는 손 | | 왼손 법칙 | 오른손 법칙 | |
| 각 궁에 들어가는<br>숫자의 개수 | 1 | 1 | 3 | 3 |
| 사용된 대칭 | 거울대칭 | 시간대칭 | 음양교대대칭 | |
| 體로부터 用까지<br>의 전환과정 | | 금화교역 | | 괘의 대류 |
| 오행생극 | 오행의 상생 | 오행의 상극 | | 오행의 상생 |
| 핵심 뼈대인<br>숫자 | 1, 2, 3, 4, 5 | 1, 2, 3, 4, 5, 6,<br>7, 8, 9 | 6, 7, 8, 9 | 6, 7, 8, 9 |
| 삼천양지의<br>쓰임 | - 천수: 삼천<br>　의 멱함수<br>- 지수: 양지<br>　의 멱함수 | - 천수: 삼천<br>　의 멱함수<br>- 지수: 양지<br>　의 멱함수 | 삼천과 양지의<br>수직적<br>조합 | 삼천과 양지의<br>수직적<br>조합 |

# 제2부 들어가며

제2부에서는 『하도낙서의 과학적 탐구』와 결합되어 팔괘와 하도낙서가 상수역학에서 활용되는 다양한 사례를 제시하였다.

현공풍수의 설계원리에서는 삼원구운수의 생성원리와 각종 도표의 작성원리를 물리적 실체와 수학적 표현으로 규명하였다.

구성기학에서 사용되는 대충의 생성원리에서는 대충의 물리적 실체가 평균에 대한 시간대칭으로 인한 에너지의 소멸임을 규명하였다.

일가팔문과 생기복덕 팔괘는 선천팔괘의 내부에 설정된 운행규칙을 따르는 후천팔괘이다. 따라서 일가팔문과 생기복덕 팔괘는 선천팔괘와 후천팔괘로부터 파생된 2차적인 용이다. 특히, 변효를 구궁에서 공간이동으로 표시하는 방법을 도입하여 생기복덕 팔괘의 물리적 실체를 시각화하였다.

시간표시기호체계인 간지(干支)와 공간표상기호체계인 팔괘의 포함관계에 입각하여 납갑과 납지가 설계된 원리를 규명하였다.

선천팔괘의 차원이 확장된 프랙탈이 선천육십사괘라는 관점에서 선천육십사괘가 설계된 원리를 규명하였다. 또한 경방육십사괘가 〈대류, 정성과 정량 분석, 변효〉 중에서 변효로부터 생성된 선천 육십사괘의 용(用)임을 규명하였다.

# 제2부

## 상수역학에서
## 팔괘와 하도낙서의
## 활용

# 1장 현공풍수의 설계원리

풍수(風水) 이론은 크게 형기론(形氣論)과 이기론(理氣論)으로 나눌 수 있다. 형기론은 형세론(形勢論), 형국론(形局論), 형법론(形法論) 등으로도 불리고, 이기론은 좌향론(坐向論), 이법론(理法論) 등으로도 불린다. 형기론은 山水의 형세를 육안으로 분석하여 길흉을 해석하는 이론이고, 이기론은 山水에 배합된 공간배치물[양택(陽宅), 음택(陰宅)]의 방위[좌향]와 생성시기 등을 측정한 결과를 음양, 오행, 팔괘, 구성(九星) 등에 대입하여 시간별 길흉을 해석하는 이론이다. 이기론에 속하는 현공(玄空)풍수는 분석대상의 생성시기를 삼원구운수(三元九運數)로 표현한 도표에 좌향과 山水를 배합하여 길흉을 해석한다. 특히 현공풍수에서 사용되는 삼원구운수는 九星인 1부터 9까지의 자연수인데, 본질은 낙서수(洛書數)이다. 또한『하도낙서의 과학적 탐구』〈제2부 하도낙서의 과학적 해석→6장 복잡계 과학에 입각한 하도낙서의 회전방향〉의 내용처럼 낙서수는 하도수(河圖數)가 낙서의 숫자배열로 배치된 상황을 일컫는 용어로서, 본질은 하도수이다. 결론적으로 삼원구운수는 하도수이다.

현공풍수의 설계원리는 위에 제시한 현공풍수의 정의에 입각하여 〈삼원구운수의 생성원리, 현공풍수 도표의 작성원리, 현공풍수의 수학적 표현〉의 순서로 규명될 것이다.

# (1) 삼원구운수의 생성원리

삼원구운수는 60갑자(甲子)년 3개가 모인 180년을 20년으로 나누어서 생긴 9개의 숫자를 의미한다. 여기에서 60갑자는 60개의 간지(干支)인 〈甲子, 乙丑, 丙寅, ……, 癸亥〉를 일컫는 용어이다. 또한 현공풍수에서 지기(地氣, 땅의 기운)를 분석할 때 60갑자년이 3개가 모인 180년을 순환주기로 삼으므로, 3개를 표시하는 용어로서 삼원(三元)을 사용한다. 그렇다면, 현공풍수에서는 地氣의 순환주기로서 왜 180년을 사용하는 것일까? 정답은 낙서의 구궁에 60갑자년을 배치하는 방법으로부터 구할 수 있다.

구궁에 60갑자년을 배치하는 방법은 크게 두 가지가 존재하는데, 첫 번째 방법은 60갑자년이 시공간(時空間) 좌표계가 되도록 십이지지궁에 순차적으로 배치하는 것이고 두 번째 방법은 60갑자년이 시간의 흐름에 따른 에너지인 성(星)이 되도록 구궁에 낙서운동(洛書運動)으로 배치하는 것이다. 이 두 가지 방법을 더 자세히 살펴보면, 다음과 같다.

첫 번째 방법은 [그림74]처럼 구궁에 포함된 십이지지궁에 지지(地支)의 순서대로 60갑자년을 배치한다. 이 방법은 십이지지궁과 개별적인 年의 지지가 일치하도록 〈子宮에 甲子년, 丑宮에 乙丑년, 寅宮에 丙寅년, ……, 亥宮에 癸亥

| 己巳年 | 庚午年 | 辛未年 |
|---|---|---|
| 戊辰年 | | 壬申年 |
| 丁卯年 | | 癸酉年 |
| 丙寅年 | | 甲戌年 |
| 乙丑年 | 甲子年 | ←계속 |

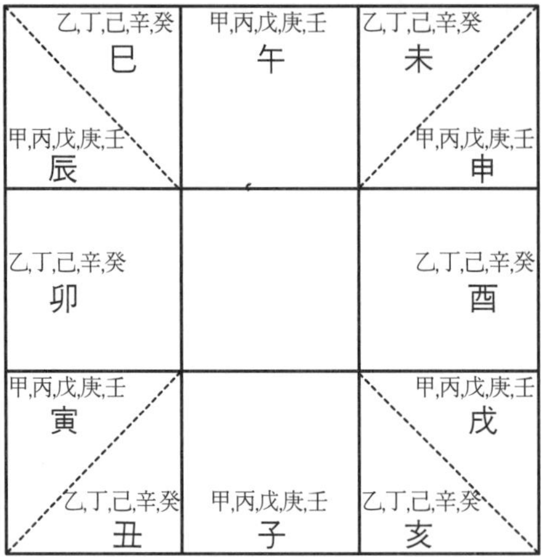

[그림74] 좌표계로 사용된 60갑자년

년〉을 배치한다. 이 방법의 순환주기는 60갑자년이 된다. 따라서 이런 방법에서는 60갑자년이 시공간(時空間) 좌표계로 사용된다.

　두 번째 방법은 [그림75]처럼 60갑자년을 구궁에 낙서순행운동(洛書順行運動)과 낙서역행운동(洛書逆行運動)으로 배치한다.

　[그림75]의 그림①은 子宮의 태일생수(太一生數)에서 甲子를 일으켜서 낙서역행운동을 한 것이다. 낙서역행운동을 한다는 것은 하늘의 변화과정인 천둔(天遁)을 표현한 것이다. 천둔은 지구의 공전에 의해서 발생하는 연(年)과 월(月)을 표시하는 성(星)의 움직임을 의미하며, 구성기학에서는 연구성(年九星)과 월구성(月九星)이 천둔의 원리로 설계되었다.

　[그림75]의 그림②는 子宮의 태일생수(太一生數)에서 甲子를 일으켜서 낙서순행운동을 한 것이다. 낙서순행운동을 한다는 것은 땅의 변화과정인 지둔(地遁)을 표현한 것이다. 왜냐하면, 낙서는 지방(地方)이 천원(天圓)을 포함한 방원(方圓) 구조이기 때문이다. 일반적으로 지둔은 지구의 자전에 의해서 발생하는 일(日)과 시(時)를 표시하는 성(星)의 움직임을 의미하며, 구성기학에서 일구성(日九星)과 시구성(時九星)은 양둔일 때 낙서순행운동을 하고, 음둔

일 때 낙서역행운동을 하도록 설계되었다. 따라서 연구성처럼 낙서역행운동을 하는 것이 정상인 60갑자년이 낙서순행운동을 하는 것은 60갑자년을 지둔화(地遁化)시켜서 地氣의 변화를 표현하는 방법이 된다.

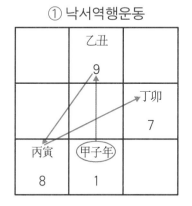
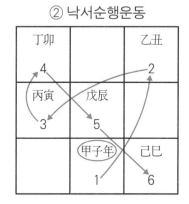

[그림75] 星으로 사용된 60갑자년

60갑자년의 일부를 구궁에 낙서역행운동과 낙서순행운동으로 배치한 [그림75]를 완성시키면, 다음의 [표4]와 같다.

[표4] 낙서운동으로 구궁에 배치된 60갑자년

① 낙서역행운동

| ⑦庚午 | ⑯己卯 | 戊子 | 丁酉 | ②乙丑 | ⑪甲戌 | 癸未 | 壬辰 | ⑨壬申 | ⑱辛巳 | 庚寅 | 己亥 |
|---|---|---|---|---|---|---|---|---|---|---|---|
| 丙午 | 乙卯 | 甲子 | 癸酉 | 辛丑 | 庚戌 | 己未 | 戊辰 | 戊申 | 丁巳 | 丙寅 | 乙亥 |
| 壬午 | 辛卯 | 庚子 | 己酉 | 丁丑 | 丙戌 | 乙未 | 甲辰 | 甲申 | 癸巳 | 壬寅 | 辛亥 |
| 戊午 | 丁卯 | 丙子 | 乙酉 | 癸丑 | 壬戌 | 辛未 | 庚辰 | 庚申 | 己巳 | 戊寅 | 丁亥 |
| 甲午 | 癸卯 | 壬子 | 辛酉 | 己丑 | 戊戌 | 丁未 | 丙辰 | 丙申 | 乙巳 | 甲寅 | 癸亥 |
| ⑧辛未 | ⑰庚辰 | 己丑 | 戊戌 | ⑥己巳 | ⑮戊寅 | 丁亥 | 丙申 | ④丁卯 | ⑬丙子 | 乙酉 | 甲午 |
| 丁未 | 丙辰 | 乙丑 | 甲戌 | 乙巳 | 甲寅 | 癸亥 | 壬申 | 癸卯 | 壬子 | 辛酉 | 庚午 |
| 癸未 | 壬辰 | 辛丑 | 庚戌 | 辛巳 | 庚寅 | 己亥 | 戊申 | 己卯 | 戊子 | 丁酉 | 丙午 |
| 己未 | 戊辰 | 丁丑 | 丙戌 | 丁巳 | 丙寅 | 乙亥 | 甲申 | 乙卯 | 甲子 | 癸酉 | 壬午 |
| 乙未 | 甲辰 | 癸丑 | 壬戌 | 癸巳 | 壬寅 | 辛亥 | 庚申 | 辛卯 | 庚子 | 己酉 | 戊午 |

| | | | | | | | | | | | |
|---|---|---|---|---|---|---|---|---|---|---|---|
| ③丙寅 | ⑫乙亥 | 甲申 | 癸巳 | ①甲子 | ⑩癸酉 | 壬午 | 辛卯 | ⑤戊辰 | ⑭丁丑 | 丙戌 | 乙未 |
| 壬寅 | 辛亥 | 庚申 | 己巳 | 庚子 | 己酉 | 戊午 | 丁卯 | 甲辰 | 癸丑 | 壬戌 | 辛未 |
| 戊寅 | 丁亥 | 丙申 | 乙巳 | 丙子 | 乙酉 | 甲午 | 癸卯 | 庚辰 | 己丑 | 戊戌 | 丁未 |
| 甲寅 | 癸亥 | 壬申 | 辛巳 | 壬子 | 辛酉 | 庚午 | 己卯 | 丙辰 | 乙丑 | 甲戌 | 癸未 |
| 庚寅 | 己亥 | 戊申 | 丁巳 | 戊子 | 丁酉 | 丙午 | 乙卯 | 壬辰 | 辛丑 | 庚戌 | 己未 |

## ② 낙서순행운동

| | | | | | | | | | | | |
|---|---|---|---|---|---|---|---|---|---|---|---|
| ④丁卯 | ⑬丙子 | 乙酉 | 甲午 | ⑨壬申 | ⑱辛巳 | 庚寅 | 己亥 | ②乙丑 | ⑪甲戌 | 癸未 | 壬辰 |
| 癸卯 | 壬子 | 辛酉 | 庚午 | 戊申 | 丁巳 | 丙寅 | 乙亥 | 辛丑 | 庚戌 | 己未 | 戊辰 |
| 己卯 | 戊子 | 丁酉 | 丙午 | 甲申 | 癸巳 | 壬寅 | 辛亥 | 丁丑 | 丙戌 | 乙未 | 甲辰 |
| 乙卯 | 甲子 | 癸酉 | 壬午 | 庚申 | 己巳 | 戊寅 | 丁亥 | 癸丑 | 壬戌 | 辛未 | 庚辰 |
| 辛卯 | 庚子 | 己酉 | 戊午 | 丙申 | 乙巳 | 甲寅 | 癸亥 | 己丑 | 戊戌 | 丁未 | 丙辰 |
| ③丙寅 | ⑫乙亥 | 甲申 | 癸巳 | ⑤戊辰 | ⑭丁丑 | 丙戌 | 乙未 | ⑦庚午 | ⑯己卯 | 戊子 | 丁酉 |
| 壬寅 | 辛亥 | 庚申 | 己巳 | 甲辰 | 癸丑 | 壬戌 | 辛未 | 丙午 | 乙卯 | 甲子 | 癸酉 |
| 戊寅 | 丁亥 | 丙申 | 乙巳 | 庚辰 | 己丑 | 戊戌 | 丁未 | 壬午 | 辛卯 | 庚子 | 己酉 |
| 甲寅 | 癸亥 | 壬申 | 辛巳 | 丙辰 | 乙丑 | 甲戌 | 癸未 | 戊午 | 丁卯 | 丙子 | 乙酉 |
| 庚寅 | 己亥 | 戊申 | 丁巳 | 壬辰 | 辛丑 | 庚戌 | 己未 | 甲午 | 癸卯 | 壬子 | 辛酉 |
| ⑧辛未 | ⑰庚辰 | 己丑 | 戊戌 | ①甲子 | ⑩癸酉 | 壬午 | 辛卯 | ⑥己巳 | ⑮戊寅 | 丁亥 | 丙申 |
| 丁未 | 丙辰 | 乙丑 | 甲戌 | 庚子 | 己酉 | 戊午 | 丁卯 | 乙巳 | 甲寅 | 癸亥 | 壬申 |
| 癸未 | 壬辰 | 辛丑 | 庚戌 | 丙子 | 乙酉 | 甲午 | 癸卯 | 辛巳 | 庚寅 | 己亥 | 戊申 |
| 己未 | 戊辰 | 丁丑 | 丙戌 | 壬子 | 辛酉 | 庚午 | 己卯 | 丁巳 | 丙寅 | 乙亥 | 甲申 |
| 乙未 | 甲辰 | 癸丑 | 壬戌 | 戊子 | 丁酉 | 丙午 | 乙卯 | 癸巳 | 壬寅 | 辛亥 | 庚申 |

※ 子宮의 甲子부터 두 바퀴를 도는 순서까지는 일련번호를 붙였으나, 이후에는 일괄적으로 9씩 순번이 증가하므로 순번을 매기지 않았음.

위의 [표4]에 보이듯이, ①의 낙서역행운동과 ②의 낙서순행운동 모두 60 갑자년의 甲子年부터 癸亥年까지 낙서운동으로 구궁에 배치되더라도 구궁의 중간에서 끝나기 때문에 구궁에 완전히 채워지지 않는다. 60은 9의 배수(倍數)가 아니므로, 이런 현상은 당연하다. 이렇게 간지를 비롯한 성(星)이 구궁에 균등하게 분배가 되지 않으면 에너지가 안정화되지 못하며, 특정한 주기성을 찾을 수 없다. 이것은 구궁이 가지는 공간과 시간의 균질성(均質性, homogeneity)이 파괴되었기 때문이다. 따라서 60갑자년이 구궁에 균등하게 분배되도록 1번을 초과하여 더 사용될 필요가 발생한다. 이런 필요에 의해서 60갑자년과 구궁의 최소공배수를 구하면, 180년이 된다. 180년은 60갑자년이 3번 사용된 것이다. 60갑자년이 3번 사용된 것을 '삼원갑자(三元甲子)'라고 지칭한다. 또한 180년을 구궁에 균등하게 분배하면, 하나의 궁에는 20년씩 배치가 된다. 이것은 20년을 다시 하나의 에너지 덩어리로 양자화(量子化)시킬 수 있음을 의미한다. '양자화'한다는 말의 의미는 〈달걀 10개를 모은 것을 '달걀 1줄', 시간단위 10을 '1순(旬)', 물건 12개를 '1타(打, dozen)'〉로 일컫는 것처럼 작은 구성성분들을 하나의 주머니로 싸는 것이다.

  지금까지 살펴본 것처럼, 삼원갑자는 60갑자년을 낙서운동으로 구궁에 균등하게 배치하는 과정에서 도출된 개념이다. 또한 삼원갑자가 180년이므로 하나의 궁에는 20년씩 배치된다. 따라서 구궁의 각 궁은 20년에 해당하는 간지들을 담을 수 있다. 그런데 [표4]에 보이는 그대로 20년에 해당하는 간지들을 하나의 단위로 묶어 놓으면, 문제가 발생한다. 예컨대 [표4] ②의 子宮에 배치된 간지들은 〈甲子, 癸酉, 壬午, ……, 乙卯〉처럼 간지들이 60갑자의 순서에 입각하여 서로 이웃하지 않고 띄엄띄엄 떨어져 있다. 나머지 십이지지궁들에 배치된 간지들도 모두 60갑자의 순서로 볼 때 이웃하지 않는다. 이렇게 분산된 간지들을 하나의 궁으로 묶어서 양자화시키는 것은 地氣에서는 의미가 없다. 왜냐하면, 『하도낙서의 과학적 탐구』의 〈제2부 하도낙서의 과학적 해석→2장 하도낙서의 회전방향에 입각한 형의 발생 원리〉에 실린 내용처럼 삼회(三會)는 지리적인 궁을 대표하고 삼합(三合)은 천문적인 성(星)을 대표하기 때문이다. 따라서 地氣의 변화를 표시하기 위해서 각 궁이 가지는 20개의 간지가 삼회처럼 서로 이웃하도록 묶어서 180년의 삼원갑자년을 재배치해야 된다. 재배치된 삼원갑자년을 [표5]를 통해서 시각화하였다. 또한 이렇게 재배치되어 생성된 20개의 간지가 포함된 각 궁의 낙서수가 '삼원구운수'이다. 삼원구운수에 의거하여 땅의 기운은 20년마다 바뀐다.

[표5] 삼원갑자년의 재배치로 생성된 삼원구운수

| ②甲子 | 乙丑 | 丙寅 | 丁卯 | 甲辰 | 乙巳 | 丙午 | 丁未 | 甲申 | 乙酉 | 丙戌 | 丁亥 |
|---|---|---|---|---|---|---|---|---|---|---|---|
| 戊辰 | 己巳 | 庚午 | 辛未 | 戊申 | 己酉 | 庚戌 | 辛亥 | 戊子 | 己丑 | 庚寅 | 辛卯 |
| 壬申 | 癸酉 | 甲戌 | 乙亥 | 壬子 | 癸丑 | 甲寅 | 乙卯 | 壬辰 | 癸巳 | 甲午 | 乙未 |
| 丙子 | 丁丑 | 戊寅 | 己卯 | 丙辰 | 丁巳 | 戊午 | 己未 | 丙申 | 丁酉 | 戊戌 | 己亥 |
| 庚辰 | 辛巳 | 壬午 | 癸未 | 庚申 | 辛酉 | 壬戌 | 癸亥 | 庚子 | 辛丑 | 壬寅 | 癸卯 |
| 甲辰 | 乙巳 | 丙午 | 丁未 | 甲申 | 乙酉 | 丙戌 | 丁亥 | ③甲子 | 乙丑 | 丙寅 | 丁卯 |
| 戊申 | 己酉 | 庚戌 | 辛亥 | 戊子 | 己丑 | 庚寅 | 辛卯 | 戊辰 | 己巳 | 庚午 | 辛未 |
| 壬子 | 癸丑 | 甲寅 | 乙卯 | 壬辰 | 癸巳 | 甲午 | 乙未 | 壬申 | 癸酉 | 甲戌 | 乙亥 |
| 丙辰 | 丁巳 | 戊午 | 己未 | 丙申 | 丁酉 | 戊戌 | 己亥 | 丙子 | 丁丑 | 戊寅 | 己卯 |
| 庚申 | 辛酉 | 壬戌 | 癸亥 | 庚子 | 辛丑 | 壬寅 | 癸卯 | 庚辰 | 辛巳 | 壬午 | 癸未 |
| 甲申 | 乙酉 | 丙戌 | 丁亥 | ①甲子 | 乙丑 | 丙寅 | 丁卯 | 甲辰 | 乙巳 | 丙午 | 丁未 |
| 戊子 | 己丑 | 庚寅 | 辛卯 | 戊辰 | 己巳 | 庚午 | 辛未 | 戊申 | 己酉 | 庚戌 | 辛亥 |
| 壬辰 | 癸巳 | 甲午 | 乙未 | 壬申 | 癸酉 | 甲戌 | 乙亥 | 壬子 | 癸丑 | 甲寅 | 乙卯 |
| 丙申 | 丁酉 | 戊戌 | 己亥 | 丙子 | 丁丑 | 戊寅 | 己卯 | 丙辰 | 丁巳 | 戊午 | 己未 |
| 庚子 | 辛丑 | 壬寅 | 癸卯 | 庚辰 | 辛巳 | 壬午 | 癸未 | 庚申 | 辛酉 | 壬戌 | 癸亥 |

위의 [표5]를 압축하면, [표6]이 된다.

이 표에서 旬은 甲부터 癸까지에 이르는 십천간(十天干)에 입각한 10년을 지칭한다. 예를 들어서 甲子旬은 〈甲子年, 乙丑年, 丙寅年, 丁卯年, 戊辰年, 己巳年, 庚午年, 辛未年, 壬申年, 癸酉年〉을 의미한다. 또 다른 예로 甲辰旬은 〈甲辰年, 乙巳年, 丙午年, 丁未年, 戊申年, 己酉年, 庚戌年, 辛亥年, 壬子年, 癸丑年〉을 의미한다.

### [표6] 180년 주기의 삼원구운수

| 4運: 中元<br>甲子旬 : 甲子~癸酉<br>甲戌旬 : 甲戌~癸未 | 9運: 下元<br>甲辰旬 : 甲辰~癸丑<br>甲寅旬 : 甲寅~癸亥 | 2運: 上元<br>甲申旬 : 甲申~癸巳<br>甲午旬 : 甲午~癸卯 |
|---|---|---|
| 3運: 上元<br>甲辰旬 : 甲辰~癸丑<br>甲寅旬 : 甲寅~癸亥 | 5運: 中元<br>甲申旬 : 甲申~癸巳<br>甲午旬 : 甲午~癸卯 | 7運: 下元<br>甲子旬 : 甲子~癸酉<br>甲戌旬 : 甲戌~癸未 |
| 8運: 下元<br>甲申旬 : 甲申~癸巳<br>甲午旬 : 甲午~癸卯 | 1運: 上元<br>甲子旬 : 甲子~癸酉<br>甲戌旬 : 甲戌~癸未 | 6運: 中元<br>甲辰旬 : 甲辰~癸丑<br>甲寅旬 : 甲寅~癸亥 |

삼원구운수를 이 책이 출판된 2016년이 포함되는 연대(年代)와 함께 제시하면, [표7]과 같다.

### [표7] 삼원구운수

| | 상원 60甲子년의<br>운수와 연대 | 중원 60甲子년의<br>운수와 연대 | 하원 60甲子년의<br>운수와 연대 |
|---|---|---|---|
| 甲子연대와<br>甲戌연대 | 1<br>(1864년-<br>1883년) | 4<br>(1924년-<br>1943년) | 7<br>(1984년-<br>2003년) |
| 甲申연대와<br>甲午연대 | 2<br>(1884년-<br>1903년) | 5<br>(1944년-<br>1963년) | 8<br>(2004년-<br>2023년) |
| 甲辰연대와<br>甲寅연대 | 3<br>(1904년-<br>1923년) | 6<br>(1964년-<br>1983년) | 9<br>(2024년-<br>2043년) |

# (2) 현공풍수 도표의 작성원리

    현공풍수에서 사용되는 도표들을 약칭(略稱)하여 '풍수반(風水盤)'이라고 일컫는다. 풍수반에는 삼원구운수 생성반(生成盤), 운반(運盤), 산성반(山星盤), 향성반(向星盤) 등이 존재한다. 특히 산성반과 향성반을 합쳐서 '산향성반(山向星盤)' 또는 '좌향성반(坐向星盤)'이라고 일컫기도 한다. 또한 운반과 산향성반을 총칭하는 단어로 '비성반(飛星盤)'이 쓰이기도 한다.

    비성반이 작성되는 과정에 의거하여 하위단원을 구성한다. 따라서 첫 번째 하위단원에서 삼원구운수 생성반과 운반의 작성원리를 탐구하고, 두 번째 하위단원에서 현공풍수에서 사용되는 시공간좌표계의 설계원리를 탐구하고, 세 번째 하위단원에서 산향성반의 작성원리를 탐구한다.

## 1) 삼원구운수 생성반과 운반의 작성원리

    삼원구운수 생성반은 앞의 [표5]와 [표6]이다. 이 책이 출판된 2016년 丙申年은 [표7]에 보이는 것처럼, 8운에 해당한다. 그러므로 [표8]에 보이는 것처럼 낙서의 8이 2016년의 운수(運數)가 된다. 또한 낙서에서 8궁을 다시 구궁으로 나누고 그 구궁의 중궁에 운수 8을 대입한 후에 낙서순행운동으로 숫자를 매기면, 8운의 운반이 된다. 이처럼 운반에서 낙서순행운동으로 숫자를 매기는 이유는, 풍수반은 地氣를 표시하므로 방원의 구조인 낙서의 하도수 배치를 따르기 때문이다. 또 다른 예제로서 2000년 庚辰年에 해당하는 운반을 구해본다. [표7]에 보이는 것처럼 2000년 하원갑자의 甲戌旬에 해당하므로, 운수는 7이다. 따라서 [표8]의 7궁을 다시 구궁으로 나누고 그 구궁의 중궁에 운수 7을 대입한 후에 낙서순행운동으로 숫자를 매기면, 2000년의 운반이 된다. 여기에서 구궁 중의 하나를 다시 구궁으로 재분할하면서 중궁에 숫자나 간지를 놓고서 낙서운동으로 포국(布局)하는 것을 '입중포국(入中布局)'이라고 지칭한다. 다시 말해서, 삼원구운수 생성반에서 운수를 입중포국한 것이 운반이 된다. 일반적으로는 [표9]처럼 운반은 삼원구운수의 생성반으로부터 떼어서 만든 독립적인 구궁에 한자로 표현한다.

### [표8] 삼원구운수의 생성반

| 4 | 9 | 2 | | |
|---|---|---|---|---|
| 3 | 5 | 6 | 2 | 4 |
| | | 5 | 7 | 9 |
| | | 1 | 3 | 8 |
| 7 3 5 | 1 | 6 | | |
| 6 8 1 | | | | |
| 2 4 9 | | | | |

### [표9] 7운반

| 六 | 二 | 四 |
|---|---|---|
| 五 | 七 | 九 |
| 一 | 三 | 八 |

삼원구운수는 20년에 걸친 지구 전체의 地氣를 표현한 것이다. 그런데 지구의 전체를 의미하는 하나의 운반으로 지구의 하위공간에 해당하는 대한민국 서울의 地氣를 측정하고, 또한 중국 상해나 미국 뉴욕의 地氣를 측정함은 쉽게 납득하기 어려운 부분이다. 이런 운반의 작성원리를 더 구체적으로 탐구하기 위해서, 2016년 丙申年이 속하는 8운반을 예로 삼는다.

지구 전체는 구궁에 해당하는 하위공간으로 분할된다. 또한 분할된 하위공간인 구궁 중에서 중앙에 해당하는 중궁을 제외한 나머지 궁은 하위공간으로 재분할된다. 하나의 궁이 하위공간인 구궁으로 분할되는 것은 연속적으로 이루어진다. 따라서 2016년 丙申年에 지어진 〈대한민국 서울시 서초구 서초4동 ****번지〉의 건물이 위치한 地氣를 분석하기 위해서는 지구 전체를 구궁으로 분할했을 때, 대한민국에 해당하는 궁과 다시 그 궁을 구궁으로 재분할했을 때 서울시가 포함된 경기도에 해당하는 궁을 찾아내야 한다.

역학은 구궁에 대응하는 지구의 각 지역을 찾는 방법으로 주로 분야설(分野說)을 사용한다. 분야설은 12차(次)와 28수(宿)를 이용한 공간 구획(區劃) 방법이다. 분야설은 전국시대(戰國時代)보다 일찍 발생했으나, 전국시대에 중국 전토를 12차와 28수와 같은 별의 위치로 배당하면서 활성화되었을 것으로 추정된다. 전국시대는 기원전 770년에 주(周)왕조가 낙양[洛陽]으로 천도한 이후인 동주(東周)시대의 후반기를 의미하므로, 분야설은 동주의 수도인 낙양을 기준으로 방위가 설정되는 것이 합리적이다. 분야설에 의거하여 표시한 구궁별 세계 배당도(配當圖)는 [표10]과 같다.

### [표10] 구궁별 세계 배당도

| | | |
|---|---|---|
| 동남아시아 | 오세아니아 | 아프리카,<br>서남아시아 |
| 일본 | 지구의<br>중앙 | 북아메리카 |
| 한국 | 러시아 | 유럽 |

또한 분야설에 의거한 구궁별 한국의 내부지역 배당도는 [표11]과 같다. [표 12]는 구궁별 세계 배당도와 한국의 내부지역 배당도를 결합하여 구궁별 세계 배당도에서 한국에 해당하는 북동궁(北東宮)을 다시 구궁으로 분할한 것이다. [표13] 경기도의 내부지역 배당도인데, 특히 서울시는 남서궁(南西宮)에 배당 된다.

### [표11] 구궁별 한국의 내부지역 배당도

| 전라도 | 경기도 | 황해도 |
|---|---|---|
| 충청도 | 한국의 중앙 | 평안도 |
| 함경도 | 경상도 | 강원도 |

### [표12] 구궁별 세계와 한국의 배당도

| 동남아시아 | | 오세아니아 | 아프리카, 서남아시아 |
|---|---|---|---|
| 일본 | | 지구의 중앙 | 북아메리카 |
| 전라도 경기도 황해도<br>충청도 한국 평안도<br>함경도 경상도 강원도 | | 러시아 | 유럽 |

## [표13] 구궁별 경기도 내부지역 배당도

| 인천 | 부평 | 서울 |
|---|---|---|
| 용인 | 경기도 | 파주 |
| 성남 | 충주 | 제천 |

지금까지 살펴본 〈구궁별 지구의 내부지역 배당도〉에 입각하여, 2016년 丙申年에 지어진 〈대한민국 서울시 서초구 서초4동 ****번지〉의 건물이 위치한 地氣를 분석하는 운반은 다음과 같이 3가지 경우가 나올 수 있다.

첫 번째 경우의 운반은 [표14]처럼 〈구궁별 세계 배당도〉와 〈구궁별 한국의 내부지역 배당도〉, 〈구궁별 경기도 내부지역 배당도〉의 모두가 2016년 丙申年이 속하는 운수 8로만 채워진다. 이런 방식은 운수 8이 하위공간의 운반에서 세기성질(intensive property)로 사용된 것이다. 그러나 세기성질로만 작성된 8운반은 현공풍수에서 사용하는 8운반인 [표15]와 다르다. 따라서 다른 방식의 운반을 찾을 필요가 발생한다.

## [표14] 세기성질로 채워진 하위공간들의 운반

| 8<br>동남아시아 | 8<br>오세아니아 | 8<br>아프리카,<br>서남아시아 |
|---|---|---|

| | | |
|---|---|---|
| 8<br>일본 | 8<br>지구의 중앙 | 8<br>북아메리카 |

| | | | | |
|---|---|---|---|---|
| 8<br>전라도 | 8 8 | 8<br>황해도 | | |
| 8<br>충청도 | 8<br>한국 | 8<br>평안도 | 8<br>러시아 | 8<br>유럽 |
| 8<br>함경도 | 8<br>경상도 | 8<br>강원도 | | |

[표15] 8운반

| 七 | 三 | 五 |
|---|---|---|
| 六 | 八 | 一 |
| 二 | 四 | 九 |

역학에 대한 기초개념을 숙지하기 위해서 세기성질에 대해서 더 알아본다. 물리적 성질(物理的性質)은 크기성질(extensive property)과 세기성질로 나누어진다. 크기성질은 물질의 양이나 계(系, system)의 크기에 비례하는 성질이고, 세기성질은 물질의 양이나 계의 크기에 관계가 없는 성질이다. 여기에서 '계'는 관심의 대상으로서 에너지와 물질이 담긴 공간 또는 집합으로서 '주위(周圍, surrounding)'와 합해져서 '우주(宇宙, universe)'를 이룬다. 크기성

질에 속하는 물리량으로는 질량, 부피, 무게, 길이 등이 있으며, 세기성질에 속하는 물리량으로는 온도, 밀도, 농도, 압력 등이 있다. 크기성질은 크기변수(extensive variable) 또는 시량변수(示量變數)라는 용어로 지칭되기도 하고, 세기성질은 세기변수(intensive variable) 또는 시강변수(示强變數)라는 용어로 지칭되기도 한다. 크기성질과 세기성질을 전체값과 부분값으로 설명하면, 다음과 같다. 크기성질은 [그림76]처럼 부분값의 합이 전체값이 되고, 세기성질은 [그림77]처럼 부분값과 전체값이 동일하다.

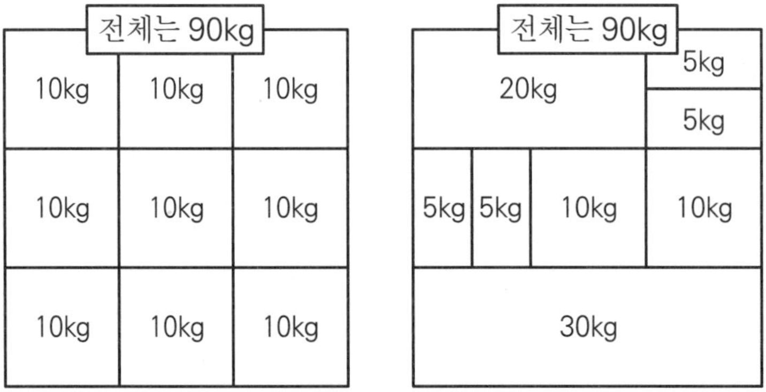

[그림76] 크기성질

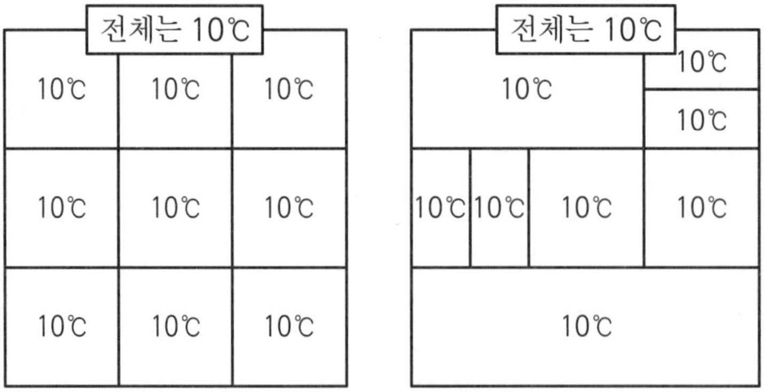

[그림77] 세기성질

앞의 [표14]처럼 세기성질로 채워진 하위공간들의 8운반은 [그림78]의 왼쪽처럼 낙서수들의 평균인 5로만 구궁이 채워진 낙서의 모체로부터 파생된 것이다. 다시 말해서, [표14]의 8운반은 낙서의 모체인 5로만 채워진 평균반(平均盤)이 [그림79]처럼 (+3)만큼 평행이동한 것이다. 따라서 [표14]의 8운반은 낙서 평

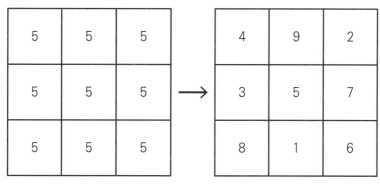

[그림78] 평균 5로만 채워진 모체로부터 낙서의 파생

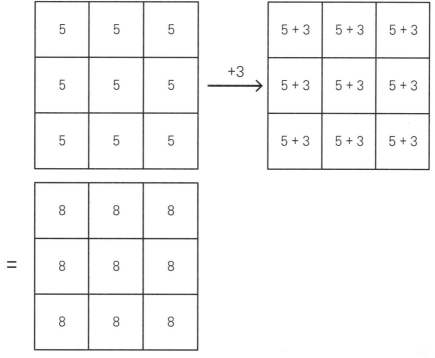

[그림79] 평균반의 평행이동

균반의 속성을 그대로 가진다. 즉, 8로만 채워진 [표14]의 8운반은 시간은 정지한 상태에서 공간만 분할되었음을 의미한다.

　두 번째 경우는 [표16]처럼 2016년 丙申年이 속하는 운수 8로부터 내림차순의 순차적인 낙서운동에 의한 입중포국으로 〈구궁별 세계 배당도〉에서 한국의 운반이 생성된다. 이어서 한국의 운반으로부터 〈구궁별 한국의 내부지역 배당도〉에서 경기도의 운반이 생성되고, 연속적으로 경기도의 운반으로부터 〈구궁별 경기도 내부지역 배당도〉에서 서울의 운수3이 산출된다. 이런 서울의 운수3이 낙서운동으로 입중포국된 [표17]이 서울의 운반이 된다. 지금까지 실행된 입중포국으로 하위공간의 운반이 〈서초구→서초4동→****번지〉까지 순차적으로 산출되어야 분석대상인 건물이 위치한 地氣를 온전하게 해석할 수 있다. 이처럼 지구 전체를 의미하는 8운수로부터 순차적인 낙서순행운동으로 작성된 하위공간의 운반들은 현공풍수에서 사용하는 8운반인 [표15]와 다르다. 따라서 다른 방식의 운반을 찾을 필요가 발생한다.

[표16] 순차적인 낙서운동에 의한 입중포국으로 생성된 운반

| 7<br>동남아시아 | 3<br>오세아니아 | 5<br>아프리카,<br>서남아시아 |
|---|---|---|
| 6<br>일본 | 8<br>지구의 중앙 | 1<br>북아메리카 |

| 1 전라도 | 3 6 | 8 황해도 | 4 러시아 | 9 유럽 |
|---|---|---|---|---|
| 9 충청도 | 2 한국 | 4 평안도 | | |
| 5 함경도 | 7 경상도 | 3 강원도 | | |

[표17] 8운수로부터 낙서운동으로 산출된 서울의 운반

| 二 | 七 | 九 |
|---|---|---|
| 一 | 三 | 五 |
| 六 | 八 | 四 |

세 번째 경우의 운반은 앞의 평균반과 낙서의 결합으로 생성된다. 다시 말해서, 낙서수의 평균인 5로만 채워진 평균반은 시간이 고정된 상황에서 공간만 분할된 것이고 평균반으로부터 파생된 낙서는 분할된 구궁의 시간 흐름을 표시한다. 따라서 평균반은 에너지가 균일하여 가장 안정적인 상태로서 전체적인 공간의 역할을 하고, 낙서는 평균반의 전체 공간에서 에너지의 분포가 평균 5에 대한 교대대칭인 시간대칭으로 분포된 시간의 흐름을 표시한다. 결론적으로 [그림78]에 나온 낙서의 평균반과 낙서가 모두 사용되며, 운반은 이런 평균반의 평행이동반(平行移動盤)과 낙서의 평행이동반이다. 이런 방식으로 2016년 丙申年이 속하는 운수 8로부터 〈지구 전체→한국→경기도→서울시→서초구→서초4동→****번지〉의 운반을 구하면, [그림80]이 된다. 일반적으로 운수 8이 지구 전체를 의미하는 구궁의 중궁에 기입된 후에 낙서순행운동으로 나머

지 궁에 숫자를 채운 것이 현공풍수에서 사용되는 운반이다. 그러나 [그림80]에 보이는 것처럼 지구 전체로부터 순차적으로 발생하는 하위공간이 가지는 운반은 입중포국의 순차에 따라서 $\langle 2^1 \rightarrow 2^2 \rightarrow 2^3 \rightarrow 2^4 \rightarrow \cdots \rightarrow 2^n \rangle$층으로 구성된다. [그림80]의 각 운반에서 [표18]처럼 중궁에 위치한 가장 위층부터 순서를 매겨서 홀수층은 평균반의 평균이동반이고 짝수층은 낙서의 평행이동반이다. 모든 하위공간의 운반에서 1층과 2층은 지구 전체의 운반이 위치하고, 전체 층수에서 하위 절반이 시작되는 층과 바로 아래층은 지구 전체가 분할된 하위공간의 운반이 위치한다. 현공풍수에서는 모든 하위공간의 운반에서 가장 큰 주머니가 되는 1층과 2층에 위치한 지구 전체의 운반만을 사용한다. 더 정확하게 地氣를 분석하려면, n번의 입중포국에 의해서 $2^n$층으로 이루어진 하위공간의 운반이 필요하다.

### [표18] 운반의 층수

| | | |
|---|---|---|
| 1층 | 1층 | 1층 |
| 2층 | 2층 | 2층 |
| 3층 | 3층 | 3층 |
| 4층 | 4층 | 4층 |
| 1층 | 1층 | 1층 |
| 2층 | 2층 | 2층 |
| 3층 | 3층 | 3층 |
| 4층 | 4층 | 4층 |
| 1층 | 1층 | 1층 |
| 2층 | 2층 | 2층 |
| 3층 | 3층 | 3층 |
| 4층 | 4층 | 4층 |

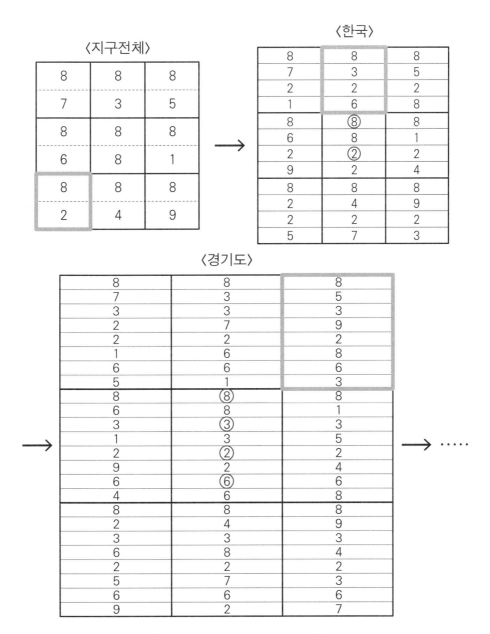

[그림80] 평균반과 낙서가 결합된 운반

지금까지 탐구한 것처럼, 현공풍수에서 사용하는 운반은 평균반의 평행이동
반과 낙서의 평행이동반을 동시에 사용한다. 따라서 8운수에 해당하는 2016

년 丙申年에 지어진 〈대한민국 서울시 서초구 서초4동 ****번지〉의 건물이 위치한 地氣를 분석하는 정확한 운반은 [표19]가 된다. [표19]에서 각 궁의 왼쪽 칸에 위치한 숫자는 평균반이고, 오른쪽 칸에 위치한 숫자는 낙서이다. 평균반의 평행이동반은 시간이 고정된 상황의 공간 역할을 하므로 운반의 체(體)라고 볼 수 있으며, 낙서의 평행이동반은 구궁으로 분할된 공간에서 시간의 흐름을 표시하므로 용(用)이라고 볼 수 있다. 따라서 [표19]에서 '체용'이라고 일컬었다. 일반적으로 현공풍수에서 사용되는 운반은 평균반의 평행이동반은 생략하고 낙서의 평행이동반만을 사용한다.

## [표19] 체용이 모두 표시된 8운반

| 八 | 七 | 八 | 三 | 八 | 五 |
|---|---|---|---|---|---|
| 八 | 六 | 八 | 八 | 八 | 一 |
| 八 | 二 | 八 | 四 | 八 | 九 |

현공풍수에서 사용된 운반의 계층구조적 처리와 체용 개념은 구성기학, 기문둔갑(奇門遁甲) 등의 구궁을 사용하는 술수(術數)에서도 채용된다. 따라서 [그림81]처럼 같은 시간대에 해당하는 공간에서는 지역별 입중포국을 사용하기 이전에 동일한 원반(原盤)을 사용한다. 예컨대 16년 丙申年 양력 12월 25일 巳時의 구성기학 시반(時盤)은 [표20]과 같다. 이 시간대에서 발생하는 상황을 해석할 때 巳時에 해당하는 한국이나 일본 지역은 한국에 해당하는 [표20]의 간궁(艮宮, 東北宮)의 입중포국반(入中布局盤)이나 일본에 해당하는 진궁(震宮, 東宮)의 입중포국반을 사용하기 이전에 먼저 원반인 [표20]의 구성기

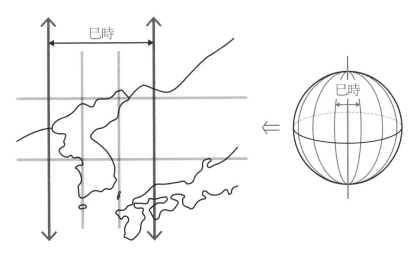

[그림81] 같은 시간대의 공간

[표20] 양둔 巳時의 구성기학반

| 2<br>辛丑 | 7<br>丁酉 | 9<br>己亥 |
|---|---|---|
| 1<br>庚子<br>[일본] | 3<br>癸巳時<br>壬寅 | 5<br>乙未<br>甲辰 |
| 6<br>丙申<br>[한국] | 8<br>戊戌 | 4<br>甲午<br>癸卯 |

학 시반을 먼저 분석한다.

　이 하위단원에서 사용된 낙서의 평균반 개념은 『하도낙서의 과학적 탐구』의
〈제2부 하도낙서의 과학적 해석→5장 낙서의 산술평균인 5를 통해서 이해되는
오황살의 원리〉에 상세히 소개되어 있다. 또한 낙서의 평행이동반 개념은 같은
책 〈제2부 하도낙서의 과학적 해석→13장 낙서운동의 본질〉에 실려 있다.

## 2) 현공풍수에서 사용되는 시공간좌표계의 설계원리

현공풍수에서 사용되는 시공간좌표계는 [그림82]와 [그림83]에 보이는 '24
山'이다. 24山은 '24坐' 또는 '24坐山'이라고 일컬어진다. 24山은 [그림82]처
럼 원(圓)의 360도를 15도씩 나누어서 24개의 방위로 나눈 시공간좌표계이다.
24山을 구궁에 포함된 좌표계로 표시하면, [그림83]이 된다.

24山은 [그림84]에 보이듯이 운반에 배치된 낙서수[본질은 하도수]와 동체
(同體)로 사용된다. 따라서 24山은 시간표시기호인 낙서수가 포함되는 공간
표상기호체계인 팔괘로부터 산출되었음을 유추할 수 있다. 이처럼 24山은 후
천팔괘에서 각각의 괘를 형성하는 수직적인 〈초효[地], 중효[人], 상효[天]〉가

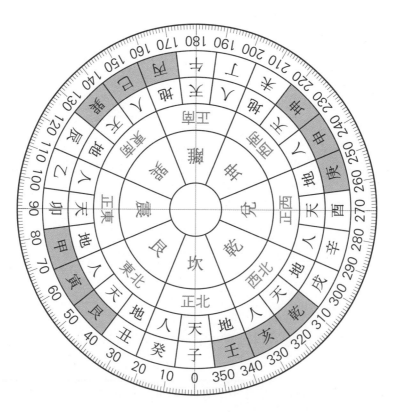

[그림82] 24山 시공간좌표계

수평적으로 재배치되어 생성된 시계방향의 〈지원룡(地元龍), 천원룡(天元龍), 인원룡(人元龍)〉의 좌표체계이다. 다시 말해서, 24山은 후천팔괘궁의 각각이 다시 〈地→天→人〉의 삼원룡(三元龍)으로 3등분되어서 발생한 시공간좌표계이다. 모든 팔괘궁에서 삼원룡의 순서가 시계방향으로 〈지원룡→천원룡→인원룡〉이 된 이유는, 낙서의 방원(方圓) 구조에 부합하기 위해서 지(地)와 인(人)의 사이에 천(天)을 끼어 넣었기 때문이다.

| +巽 -辰 | +巳 | +丙 -午 -丁 | -未 | +坤 +申 |
|---|---|---|---|---|
| | 4 | 9 | 2 | |
| -乙 -卯 +甲 | 3 | 5 | 7 | +庚 -酉 -辛 |
| +寅 +艮 | 8 -丑 | 1 -癸 -子 +壬 | 6 +亥 | -戌 +乾 |

[그림83] 구궁에 표시된 24山

| -酉 +庚 | -辛 | +甲 -卯 -乙 | -己 | +戊 +戊 |
|---|---|---|---|---|
| | 七 | 三 | 五 | |
| +亥 +乾 -戌 | 六 | 八 | 一 | +壬 -子 -癸 |
| +申 +坤 | 二 -未 | 四 +巳 +巽 -辰 | 九 -丁 | +丙 -午 |

[그림84] 8운반에서 낙서수와 동체인 24山

[그림85]는 후천팔괘궁, 삼원룡, 각 山의 음양까지 첨가한 24山 시공간좌표계를 구궁에 동시에 표시한 도표이다.

| 天元 | | 人元 | 地元 | 天元 | 人元 | 地元 | | 天元 |
|---|---|---|---|---|---|---|---|---|
| | +巽 | +巳 | +丙 | −午 | −丁 | −未 | +坤 | |
| 地元 | −辰 | 4巽 | | 9離 | | 2坤 | +申 | 人元 |
| 人元 | −乙 | | | | | | +庚 | 地元 |
| 天元 | −卯 | 3震 | | 5中 | | 7兌 | −酉 | 天元 |
| 地元 | +甲 | | | | | | −辛 | 人元 |
| 人元 | +寅 | 8艮 | | 1坎 | | 6乾 | −戌 | 地元 |
| | +艮 | −丑 | −癸 | −子 | +壬 | +亥 | +乾 | |
| 天元 | | 地元 | 人元 | 天元 | 地元 | 人元 | | 天元 |

**[그림85] 후천팔괘, 삼원, 음양부호와 함께 표시된 24山**

24山 시공간좌표계에서 각 山의 음양은 어떤 원리로 설정된 것일까? 정답은 다음과 같은 3개의 원칙으로부터 산출된다.

첫 번째 원칙은 [그림86]처럼 낙서에서 양(陽)인 천수가 위치한 사정방(四正方)의 중심인 천원룡은 음(陰)이 되고, 음(陰)인 지수가 위치한 사우방(四隅方)의 중심인 천원룡은 양(陽)이 된다. 이렇게 낙서수와 각 궁의 천원룡이 음양의 대대관계로 배치되면, 〈열쇠와 자물쇠〉 또는 〈항원(抗元)과 항체(抗體)〉처럼 상보적으로 결합되어 안정하다.

두 번째 원칙은 지원룡의 부호는 [그림87]처럼 천원룡과 음양의 대대관계가 되도록 설정된다. 천원룡의 부호는 이미 첫 번째 원칙에 의해서 정해진 상태이다. 이러한 원칙도 〈열쇠와 자물쇠〉 또는 〈항원(抗元)과 항체(抗體)〉처럼 상보적으로 결합되어 안정하다. 또한 天과 地는 거울대칭이 되어서 한 쪽이 음(陰)

| 天元 | | 人元 | 地元 | 天元 | 人元 | 地元 | | 天元 |
|---|---|---|---|---|---|---|---|---|
| | +巽 | | | -午 | | | +坤 | |
| 地元 | | -4 | | +9 | | -2 | | 人元 |
| 人元 | | | | | | | | 地元 |
| 天元 | -卯 | +3 | | 5中 | | +7 | -酉 | 天元 |
| 地元 | | | | | | | | 人元 |
| 人元 | | -8 | | +1 | | -6 | | 地元 |
| | +艮 | | | -子 | | | +乾 | |
| 天元 | | 地元 | 人元 | 天元 | 地元 | 人元 | | 天元 |

[그림86] 음양의 대대관계인 낙서수와 천원룡

인 짝수이면 다른 쪽은 양(陽)인 홀수가 되고, 한 쪽이 홀수이면 다른 쪽은 짝
수가 된다.

| 天元 | | 人元 | 地元 | 天元 | 人元 | 地元 | | 天元 |
|---|---|---|---|---|---|---|---|---|
| | +巽 | | +丙 | -午 | | -未 | +坤 | |
| 地元 | -辰 | -4 | | +9 | | -2 | | 人元 |
| 人元 | | | | | | | +庚 | 地元 |
| 天元 | -卯 | +3 | | 5中 | | +7 | -酉 | 天元 |
| 地元 | +甲 | | | | | | | 人元 |
| 人元 | | -8 | | +1 | | -6 | -戌 | 地元 |
| | +艮 | -丑 | | -子 | +壬 | | +乾 | |
| 天元 | | 地元 | 人元 | 天元 | 地元 | 人元 | | 天元 |

[그림87] 음양의 대대관계인 천원룡과 지원룡

　　세 번째 원칙은 [그림88]처럼 낙서에서 양(陽)인 천수가 위치한 사정방(四正方)의 중심인 인원룡은 음(陰)이 되고, 음(陰)인 지수가 위치한 사우방(四隅方)의 중심인 인원룡은 양(陽)이 된다. 왜냐하면, 이미 앞에서 부호가 정해진 각 궁의 천원룡과 지원룡의 부호의 합이 〈(+1)+(-1)=0〉이므로 인원룡에 의해서 최종적으로 결정되는 음양이 낙서수의 음양과 대대관계가 되어야만 안정화되기 때문이다.

| 天元 | | 人元 | 地元 | 天元 | 人元 | 地元 | | 天元 |
|---|---|---|---|---|---|---|---|---|
| | +巽 | +巳 | +丙 | -午 | -丁 | -未 | +坤 | |
| 地元 | -辰 | -4 | | +9 | | -2 | +申 | 人元 |
| 人元 | -乙 | | | | | | +庚 | 地元 |
| 天元 | -卯 | +3 | | 5中 | | +7 | -酉 | 天元 |
| 地元 | +甲 | | | | | | -辛 | 人元 |
| 人元 | +寅 | -8 | | +1 | | 6乾 | -戌 | 地元 |
| | +艮 | -丑 | -癸 | -子 | +壬 | +亥 | +乾 | |
| 天元 | | 地元 | 人元 | 天元 | 地元 | 人元 | | 天元 |

[그림88] 낙서수와 음양의 대대관계인 인원룡

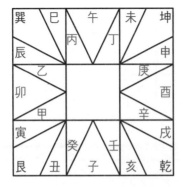
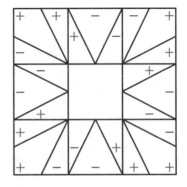

[그림89] 24山의 시각화

지금까지 탐구한 24山 시공간좌표계를 [그림89]처럼 간략히 표현할 수도 있다. [그림89]는 시각화를 위해서 각 궁에서 삼원룡의 분획을 색다르게 표시하였으나, 근본은 앞의 [그림82]이다.

## 3) 산향성반의 작성원리

산향성반(山向星盤)은 산성반(山星盤)과 향성반(向星盤)을 합쳐서 일컫는 용어이다. 산향성반은 좌향성반(坐向星盤)으로, 산성반은 좌성반(坐星盤)으로 지칭하기도 한다.

산성반과 향성반을 작성하기 위해서는 좌향(坐向)의 개념부터 숙지해야 된다. 좌향은 풍수의 분석대상인 집이나 묘가 자리하고 있는 방향으로서 좌와 향은 서로 정반대의 방향이 된다. 묘방(卯方)을 등지고 앉아서 유방(酉方)을 바라보는 것을 묘좌유향(卯坐酉向), 병방(丙方)을 등지고 앉아서 임방(壬方)을 바라보는 것을 병좌임향(丙坐壬向)이라고 일컫는다. 이처럼 배산임수(背山臨水)에서 배산[뒤로 산을 등지다]하는 쪽은 좌가 되고, 임수[앞으로 물을 내려다보다]하는 쪽은 향이 된다. 배산임수를 통해서 좌향과 연결된 개념을 [표21]에 제시하였다.

### [표21] 좌향에 연결된 개념

| 坐 | 頭[머리] | 山[산] | 人丁[사람] | 靜[정지] |
|---|---|---|---|---|
| 向 | 足[발] | 水[물] | 財物[재물] | 動[움직임] |

산성반은 운반에서 분석대상의 좌(坐)에 해당하는 山의 낙서수[산성(山星)]를 입중포국하여 생기는 낙서의 평행이동반이고, 향성반은 운반에서 분석대상의 향(向)에 해당하는 山의 낙서수[향성(向星)]를 입중포국하여 생기는 낙서의 평행이동반이다.

예컨대 8운에 속하는 2016년 丙申年에 지어진 〈대한민국 서울시 서초구 서초4동 ****번지〉의 건물은 壬坐丙向이다. 따라서 이 건물에 해당하는 운반과 산성반, 향성반은 [그림90]이 된다. [그림90]에서 가장 바깥 둘레의 24山은 분석대상의 좌향을 대입하는 시공간좌표계이다. 이렇게 운반에서 고정된 시공간좌표계로 사용되는 24山을 '體山(체산)'이라고 지칭하기로 약속한다. 바깥의 둘레부터 안으로 두 번째에 위치한 24山은 중궁의 운수로부터 낙서순행운동으로 포국된 낙서수에 원래부터 배당된 고유의 좌표계이다. 이렇게 운반에서 낙서순행운동으로 이동하면서 각 궁에 들어가는 낙서수와 함께 이동하는 24山을 '用山(용산)'이라고 지칭하기로 약속한다.

| +巽 | +巳 | +丙[向] | -午 | -丁 | -未 | +坤 |
|---|---|---|---|---|---|---|
| | -酉 | -辛 | +甲 | -卯 | -乙 | -己 | +戊 |
| -辰 | +庚 | 七 | 2 7 9 / 1 +三 5 / 6 8 4 | 五 | +戊 | +申 |
| -乙 | +亥 | | [향성반] | | +壬 | +庚 |
| -卯 | +乾 | 六 | 八 | 一 | -子 | -酉 |
| +甲 | -戌 | | [산성반] | | -癸 | -辛 |
| +寅 | +申 | 二 | 5 9 7 / 6 -四 2 / 1 8 3 | 九 | +丙 | -戌 |
| | +坤 | -未 | +巳 | +巽 | -辰 | -丁 | -午 |
| +艮 | -丑 | -癸 | -子 | +壬[坐] | +亥 | +乾 |

[그림90] 8운반과 壬坐丙向의 산향성반

　　用山의 음양이 동반된 낙서수가 입중포국으로 산성반과 향성반이 될 때 낙서순행운동[순비(順飛)]을 할지 또는 낙서역행운동[역비(逆飛)]을 할지를 결정한다. 따라서 운반에서 가장 바깥 둘레의 24山 시공간좌표계에서 壬坐가 (+)일지라도 壬坐와 같은 위치에 있는 낙서수 四의 고유한 山인 辰이 (-)이므로 산성반의 중궁에서 '-四'가 된다. 다시 말해서, [그림91]처럼 體山에서 壬坐가 (+)일지라도 壬坐와 같은 위치에 있는 낙서수 四에 배당된 用山인 辰이 (-)이므로 산성반의 중궁에서 '-四'가 된다. 결과적으로 산성반의 중궁에 위치한

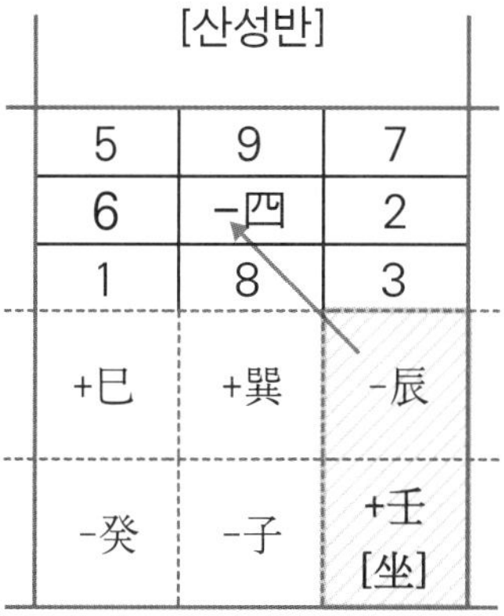

[산성반]

| 5 | 9 | 7 |
|---|---|---|
| 6 | -四 | 2 |
| 1 | 8 | 3 |
| +巳 | +巽 | -辰 |
| -癸 | -子 | +壬<br>[坐] |

[그림91] 산성반에서 중궁 낙서수의 음양 결정

| +丙<br>[向] | -午 | -丁 |
|---|---|---|
| +甲 | -卯 | -乙 |
| 2 | 7 | 9 |
| 1 | +三 | 5 |
| 6 | 8 | 4 |

[향성반]

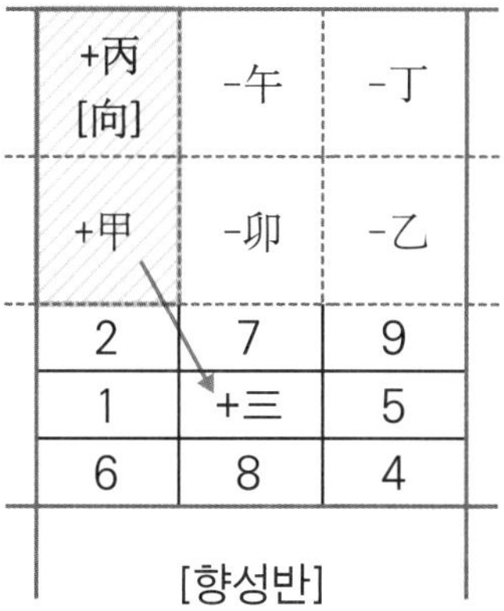

[그림92] 향성반에서 중궁 낙서수의 음양 결정

낙서수가 (−)이므로, 낙서역행운동으로 산성반이 포국된다. 또한 [그림92]처럼 體山에서 丙向과 같은 위치에 있는 낙서수 三에 배당된 用山인 甲이 (+)이므로 향성반의 중궁에서 '+三'이 된다. 결과적으로 향성반의 중궁에 위치한 낙서수가 (+)이므로, 낙서순행운동으로 향성반이 포국된다.

　지금까지 탐구한 것처럼 운반의 겉껍데기인 體山은 좌향의 위치를 산향성반의 생성으로 안내하는 이정표이다. 體山의 공간 안에서 用山이 낙서운동으로 인해서 낙서수와 함께 날아와 머무른다. 운반의 구궁에 배치된 낙서수는 [그림93]처럼 用山에 세기성질로 들어가서 用山의 음양에 따라 [그림94]처럼 낙서평행이동반의 상단반(上段盤)과 하단반(下段盤)의 중궁에 위치하게 된다.

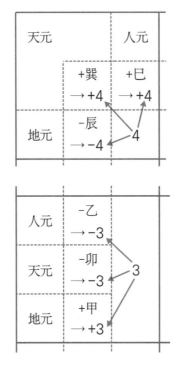

[그림93] 用山에 세기성질로 존재하는 낙서수

　用山의 부호가 양(陽)이면 낙서수가 낙서 평행이동반의 하단반 중궁에 위치하게 되어서, 낙서순행운동으로 입중포국된다. 반대로 用山의 부호가 음(陰)이면 낙서수가 낙서 평행이동반의 상단반 중궁에 위치하게 되어서, 낙서역행운동으로 입중포국된다. 24山은 땅을 기준으로 한 시공간좌표계이므로, 用山의 부호가 양(陽)인 경우가 지둔(地遁)에 부합하고 음(陰)인 경우는 지둔에 시간대칭인 운동이 된다. 실제로 낙서에서 지도(地道)인 사우방에 위치한 가운데 山이 (+)가 되고 천도(天道)인 사정방에 위치한 가운데 山이 (-)가 된다.

[그림94]의 오른쪽에 보이는 낙서 평행이동반의 하단반과 상단반은 [그림95]처럼 하단반인 낙서와 이에 시간대칭 관계인 상단반 모두가 똑같은 숫자만큼 평행이동하여 생긴다.

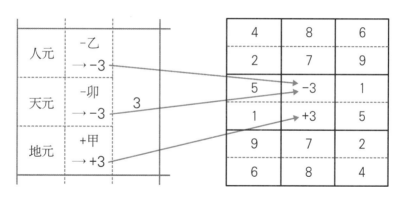

[그림94] 用山의 부호에 따른 입중포국의 방향

[그림95] 위층의 왼쪽 그림처럼 구궁의 모든 궁에서 상단반의 숫자와 하단반의 숫자는 같은 홀수나 짝수인 동시에 합이 10이 된다. 이것은 상단반의 숫자와 하단반의 숫자는 같은 천도나 지도에 속하면서 시간대칭 관계임을 보여준다. 이런 이유로 인해서, [그림95]에서 낙서인 하단반을 지반(地盤)으로, 낙서와 시간대칭 관계인 상단반을 천반(天盤)이라고 지칭하지 않는다. 엄밀하게 정의하면, 천반은 낙서의 시간대칭반(時間對稱盤)이다.

지금까지 탐구한 내용을 바탕으로 〈[그림90]의 8운반에서 壬坐丙向의 산향

[그림95] 낙서와 낙서의 시간대칭반으로부터 평행이동

[그림96] 8운 壬坐丙向의 산향성반

성반〉을 간략하게 도시(圖示)하면, [그림96]이 된다. [그림96]의 오른쪽 그림에 표시한 것처럼 구궁에서 각 궁을 다시 4등분해서 상단 왼쪽 칸은 산성반, 상단 오른쪽 칸은 향성반으로 설정하고 하단 왼쪽 칸은 운반의 체, 하단 오른쪽 칸은 운반의 용으로 설정하였다.

일반적으로는 [그림96]에서 하단 왼쪽 칸에 위치한 운반의 체를 생략하고 [그림97]처럼 표시하면서 비성반이라고 일컫는다.

| 5 2 | 9 7 | 7 9 |
|---|---|---|
| 七 | 三 | 五 |
| 6 1 | -4 +3 | 2 5 |
| 六 | 八 | 一 |
| 1 6 | 8 8 | 3 4 |
| 二 | 四 | 九 |

[그림97] 8운 壬坐丙向의 비성반

이 하위단원의 마지막으로서 운반과 산향성반을 작성하는 또 다른 사례를 제시한다. 6운에 속하는 1982년 壬戌年에 지어진 〈대한민국 충청남도 보령시 대천동 ****번지〉의 건물은 卯坐酉向이다. 따라서 이 건물에 해당하는 운반과 산성반, 향성반은 다음의 [그림98]이 된다. 또한 [그림99]는 간략한 비성반을 나타낸 것이다.

| +巽 | +巳 | +丙 | -午 | -丁 | -未 | +坤 |
|---|---|---|---|---|---|---|
|  | +戊 | +戊 | +壬 | -子 | -癸 | +甲 | -卯 |
| -辰 | -己 | 五 | 一 | 三 | -乙 | +申 |
| -乙 | +巳 | 3 8 1 |  | 7 3 5 | -丑 | +庚 |
| -卯 [坐] | +巽 | 2 +4 6 | [산성반] 六 [향성반] | 6 +8 1 | +艮 | -酉 [向] |
| +甲 | -辰 | 7 9 5 |  | 2 4 9 | +寅 | -辛 |
| +寅 | -丁 | 九 | 二 | 七 | +庚 | -戌 |
|  | -午 | +丙 | +申 | +坤 | -未 | -辛 | -酉 |
| +艮 |  | -丑 | -癸 | -子 | +壬 | +亥 | +乾 |

[그림98] 6운 卯坐酉向의 운반과 산향성반

| 3 7 | 8 3 | 1 5 |
|---|---|---|
| 五 | 一 | 三 |
| 2 6 | +4 +8 | 6 1 |
| 四 | 六 | 八 |
| 7 2 | 9 4 | 5 9 |
| 九 | 二 | 七 |

[그림99] 6운 卯坐酉向의 비성반

# (3) 현공풍수의 수학적 표현

모체인 운반으로부터 입중포국에 의해서 생성된 산성반과 향성반은 좌향에 해당하는 궁에 운수를 가진다. 이런 현상을 이해하기 쉽도록 앞 단원에서 사례로 삼았던 〈8운 壬坐丙向의 비성반〉과 산향성(山向星)의 숫자는 동일하지만 음양의 부호만 다른 모든 경우를 [그림100]에 제시하였다. 또한 〈6운 卯坐酉向의 비성반〉과 산향성의 숫자는 동일하지만 음양의 부호만 다른 모든 경우를 [그림101]에 제시하였다. 물론, 8운 坎宮坐離宮向의 비성반에는 〈(산성, 향성)=(+4, +3)과 (-4, -3)〉은 나오지 않으나 비교를 위해서 가상으로 제시하였

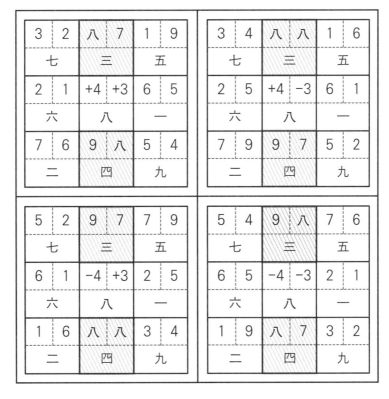

[그림100] 8운 坎宮坐離宮向의 모든 비성반

다. 마찬가지 이유로, 6운 震宮坐兌宮向의 비성반에는 〈(산성, 향성)=(+4, -8)과 (-4, +8)〉은 나오지 않으나 비교를 위해서 가상으로 제시하였다.

| 3 7 | 8 3 | 1 5 |
|---|---|---|
| 五 | 一 | 三 |
| 2 六 | +4 +8 | 六 1 |
| 四 | 六 | 八 |
| 7 2 | 9 4 | 5 9 |
| 九 | 二 | 七 |

| 3 9 | 8 4 | 1 2 |
|---|---|---|
| 五 | 一 | 三 |
| 2 1 | +4 -8 | 六 六 |
| 四 | 六 | 八 |
| 7 5 | 9 3 | 5 7 |
| 九 | 二 | 七 |

| 5 7 | 9 3 | 7 5 |
|---|---|---|
| 五 | 一 | 三 |
| 六 六 | -4 +8 | 2 1 |
| 四 | 六 | 八 |
| 1 2 | 8 4 | 3 9 |
| 九 | 二 | 七 |

| 5 9 | 9 4 | 7 2 |
|---|---|---|
| 五 | 一 | 三 |
| 六 1 | -4 -8 | 2 六 |
| 四 | 六 | 八 |
| 1 5 | 8 3 | 3 7 |
| 九 | 二 | 七 |

[그림101] 6운 震宮坐兌宮向의 모든 비성반

[그림100]과 [그림101]의 공통점을 정리하면, [표22]가 된다. [표22]에서 좌궁(坐宮)은 운반과 산향성반에서 분석대상의 坐가 포함된 궁을 의미하고, 향궁(向宮)은 분석대상의 向이 포함된 궁을 의미한다. 예컨대 〈8운 壬坐丙向의 비성반〉에는 壬坐가 포함된 坎宮이 좌궁이고 丙向이 포함된 離宮이 향궁이다. 또한 격국(格局)은 산향성반에서 산성과 향성의 음양부호에 의거하여 운수가 배치된 상황을 총칭하는 용어이다.

## [표22] 산성과 향성의 음양부호에 따른 운수의 배치

| (산성, 향성)의 음양부호 | 운수의 배치 | 격국(格局) |
|---|---|---|
| (+, +) | 운수가 산성반에서는 제자리의 정반대인 향궁에 위치하고, 향성반에서는 제자리의 정반대인 좌궁에 위치한다. | 상산하수 (上山下水) |
| (+, −) | 운수가 산향성반에서 모두 향궁에 위치한다. | 쌍성회향 (雙星會向) |
| (−, +) | 운수가 산향성반에서 모두 좌궁에 위치한다. | 쌍성회좌 (雙星會坐) |
| (−, −) | 운수가 산성반에서는 제자리인 좌궁에 위치하고, 향성반에서는 제자리인 향궁에 위치한다. | 왕산왕향 (旺山旺向) |

〈[그림100], [그림101], [표22]〉의 공통점은 산향성반에서 운수는 중궁 숫자인 산성과 향성의 음양부호에 따라서 좌궁 또는 향궁 중 한 궁에 반드시 들어가서 머무른다는 규칙이다. 특히 앞의 [그림80]처럼 운수는 세기성질로 운반과 산향성반의 모든 궁에 가장 큰 바탕으로서 존재한다. 따라서 산성반과 향성반의 낙서수가 가장 큰 바탕인 운수와 일치하면, 에너지의 차이가 없으므로 안정하다. 이런 이유로 인해서 산성반의 좌궁에 운수가 위치하면 분석대상의 좌(坐)가 안정되고, 향성반의 향궁에 운수가 위치하면 분석대상의 향(向)이 안정된다. 또한 산향성반의 좌궁과 향궁에 운수가 위치하는 네 가지의 경우로 비성반을 특징짓는 이름인 격국을 규정하였다. [표22]에서 (산성, 향성)의 음양부호가 (−, −)인 경우는, 운수가 산성반에서는 제자리인 좌궁에 위치하여 분석대상의 좌(坐)가 안정되므로 격국의 이름을 '왕산(旺山)'이라 붙였고 향성반에서는 제자리인 향

궁에 위치하여 분석대상의 향(向)이 안정되므로 '왕향(旺向)'이라 지칭하였다.

왜 산향성반에서 운수는 중궁 숫자인 산성과 향성의 음양부호에 따라서 좌궁 또는 향궁 중 한 궁에 반드시 들어가서 머무르는 것일까? 정답은 [그림102] 와 [그림103], [그림104]처럼 산향성반에서 중궁의 산향성이 음인 경우에는 낙서역행운동으로 포국되는 것이 운반에서 낙서순행운동으로 포국되는 것을 원점으로 되돌리기 때문이다. 또한 [그림105]와 [그림106], [그림107]처럼 산향성반에서 중궁의 산향성이 양인 경우에는 낙서순행운동을 반대방향으로 1 씩 빼주는 것으로 표현하면, 산향성반의 좌향궁과 시간대칭인 정반대의 궁에 운수가 위치하기 때문이다.

우선 산향성반에서 중궁의 산향성이 음인 경우를 탐구한다. [그림102]에서 는 운반과 산향성반에서 감궁(坎宮)이 좌궁 또는 향궁이라고 가정하였다. 또 한 산향성반의 중궁에 위치하는 산향성의 부호가 음(陰)이므로 낙서역행운동 으로 포국된다. 결과적으로 산향성반의 낙서역행운동은 운반의 낙서순행운동

| a−1 | a+4 | a−3 |
|---|---|---|
| a−2 | +[a] | a+2 |
| a+3 | (a−4)+1 / (a−4)−4 / (a−4)+3<br>(a−4)+2 / −[a−4] / (a−4)−2<br>(a−4)−3 / (a−4)+4=a / (a−4)−1 | a+1 |

[그림102] 감궁이 좌향궁인 산향성반에서 중궁의 산향성이 음인 경우

| a-1 | (a+4)+1 / (a+4)-4=a / (a+4)+3 <br> (a+4)+2 / -[a+4] / (a+4)-2 <br> (a+4)-3 / (a+4)+4 / (a+4)-1 | a-3 |
|---|---|---|
| a-2 | +[a] | a+2 |
| a+3 | a-4 | a+1 |

[그림103] 이궁이 좌향궁인 산향성반에서 중궁의 산향성이 음인 경우

| 8-1 | (8+4)+1 / (8+4)-4=8 / (8+4)+3 <br> (8+4)+2 / -[8+4] / (8+4)-2 <br> (8+4)-3 / (8+4)+4 / (8+4)-1 | 8-3 |
|---|---|---|
| 8-2 | +[8] | 8+2 |
| 8+3 | (8-4)+1 / (8-4)-4 / (8-4)+3 <br> (8-4)+2 / -[8-4] / (8-4)-2 <br> (8-4)-3 / (8-4)+4=8 / (8-4)-1 | 8+1 |

[그림104] 8운 산향성반에서 중궁의 산향성이 음인 경우

을 원점으로 되돌리므로, 산향성반의 좌향궁인 감궁에 운반의 중궁에 위치하는 운수가 위치한다. 운반에서 중궁의 +[a]는 a로부터 낙서순행운동으로 포국됨을 의미하고, 산향성반에서 중궁의 -[a-4]는 숫자 (a-4)로부터 낙서역행운동으로 포국됨을 의미한다. [그림103]에서는 운반과 산향성반에서 이궁(離宮)이 좌궁 또는 향궁이라고 가정하였다. 또한 산향성반의 중궁에 위치하는 산향성의 부호가 음(陰)이므로 낙서역행운동으로 포국된다. 결과적으로 산향성반의 낙서역행운동은 운반의 낙서순행운동을 원점으로 되돌리므로, 산향성반의 좌향궁인 이궁에 운반의 중궁에 위치하는 운수가 위치한다. 운반에서 중궁의 +[a]는 a로부터 낙서순행운동으로 포국됨을 의미하고, 산향성반에서 중궁의 -[a+4]는 숫자 (a+4)로부터 낙서역행운동으로 포국됨을 의미한다. 문자로 표현된 [그림102]와 [그림103]을 구체적인 숫자로 바꾸어서 [그림104]에 도시(圖示)하였다. 특히 앞의 사례인 〈8운 坎宮坐離宮向〉을 사용하기 위해서 좌향궁을 감궁 또는 이궁으로 설정하였다.

두 번째로 산향성반에서 중궁의 산향성이 양인 경우를 탐구한다. [그림105]에서는 운반과 산향성반에서 감궁(坎宮)이 좌궁 또는 향궁이라고 가정하였다. 또한 산향성반의 중궁에 위치하는 산향성의 부호가 양(陽)이므로 낙서순행운동으로 포국된다. 결과적으로 산향성반에서 중궁의 산향성이 양인 경우에는 낙서순행운동을 반대방향으로 1씩 빼주는 것으로 표현하면, 산향성반의 좌향궁인 감궁과 시간대칭인 정반대의 이궁에 운수가 위치한다. 운반에서 중궁의 +[a]는 a로부터 낙서순행운동으로 포국됨을 의미하고, 산향성반에서 중궁의 +[a-4]는 숫자 (a-4)로부터 낙서순행운동으로 포국됨을 의미한다.

[그림106]에서는 운반과 산향성반에서 이궁(離宮)이 좌궁 또는 향궁이라고 가정하였다. 또한 산향성반의 중궁에 위치하는 산향성의 부호가 양(陽)이므로 낙서순행운동으로 포국된다. 결과적으로 산향성반에서 중궁의 산향성이 양인 경우에는 낙서순행운동을 반대방향으로 1씩 빼주는 것으로 표현하면, 산향성반의 좌향궁인 이궁과 시간대칭인 정반대의 감궁에 운수가 위치한다. 운반

| a-1 | a+4 | a-3 |
|---|---|---|
| a-2 | +[a] | a+2 |
| a+3 | (표 참조) | a+1 |

중궁 표:

| (a-4) -1 | (a-4) +4=a | (a-4) -3 |
|---|---|---|
| (a-4) -2 | + [a-4] | (a-4) +2 |
| (a-4) +3 | (a-4) -4 | (a-4) +1 |

[그림105] 감궁이 좌향궁인 산향성반에서 중궁의 산향성이 양인 경우

| a-1 | (표 참조) | a-3 |
|---|---|---|
| a-2 | +[a] | a+2 |
| a+3 | a-4 | a+1 |

상단 중앙 표:

| (a+4) -1 | (a+4) +4 | (a+4) -3 |
|---|---|---|
| (a+4) -2 | + [a+4] | (a+4) +2 |
| (a+4) +3 | (a+4) -4=a | (a+4) +1 |

[그림106] 이궁이 좌향궁인 산향성반에서 중궁의 산향성이 양인 경우

| 8-1 | (8+4)-1 | (8+4)+4 | (8+4)-3 | 8-3 |
| | (8+4)-2 | +[8+4] | (8+4)+2 | |
| | (8+4)+3 | (8+4)-4=8 | (8+4)+1 | |
| 8-2 | | +[8] | | 8+2 |
| 8+3 | (8-4)-1 | (8-4)+4=8 | (8-4)-3 | 8+1 |
| | (8-4)-2 | +[8-4] | (8-4)+2 | |
| | (8-4)+3 | (8-4)-4 | (8-4)+1 | |

[그림107] 8운 산향성반에서 중궁의 산향성이 양인 경우

에서 중궁의 +[a]는 a로부터 낙서순행운동으로 포국됨을 의미하고, 산향성반에서 중궁의 +[a+4]는 숫자 (a+4)로부터 낙서순행운동으로 포국됨을 의미한다. 문자로 표현된 [그림105]와 [그림106]을 구체적인 숫자로 바꾸어서 [그림107]에 도시(圖示)하였다. 특히 앞의 사례인 〈8운 坎宮坐離宮向〉을 사용하기 위해서 좌향궁을 감궁 또는 이궁으로 설정하였다.

| 1 | 6 | 8 |
|---|---|---|
| 4 | 9 | 2 |
| 9 | 2[구성반] | 4 |
| 3 | 5 [낙서] | 7 |
| 5 | 7 | 3 |
| 8 | 1 | 6 |

| 2 | 7 | 9 |
|---|---|---|
| 4 | 9 | 2 |
| 1 | 3[구성반] | 5 |
| 3 | 5 [낙서] | 7 |
| 6 | 8 | 4 |
| 8 | 1 | 6 |

[그림108] 중궁 구성숫자의 체와 마주보는 오황살

구성반(九星盤)에서 오황살(五黃殺)은 [그림108]처럼 항상 중궁에 위치한 구성숫자의 체(體)와 시간대칭인 정반대의 궁에 위치한다. 구성숫자의 체는 낙서에서 그 구성숫자가 원래 있던 궁을 의미한다. 예컨대 2의 체는 곤궁(坤宮)이고, 3의 체는 진궁(震宮)이다. 구성반에서 오황살의 위치에 대한 수학적 표현도 산향성반에서 중궁의 산향성이 양일 때 좌향궁에 정반대인 궁에 운수가 위치하는 경우와 동일하다. 동시에 구성반의 오황살은 운반에서 운수가 5인 경우이다.

[그림105]와 [그림106]의 운반에서 중궁에 위치한 운수에 5를 대입하면, 운반은 낙서가 되고 산향성반은 낙서의 평행이동반인 동시에 구성반이 된다. 이

| (5-1)-1 | (5-1)+4 | (5-1)-3 | (5+4)-1 | (5+4)+4 | (5+4)-3 | (5-3)-1 | (5-3)+4 | (5-3)-3 |
|---|---|---|---|---|---|---|---|---|
| (5-1)-2 | +[5-1] | (5-1)+2 | (5+4)-2 | +[5+4] | (5+4)+2 | (5-3)-2 | +[5-3] | (5-3)+2 |
| (5-1)+3 | (5-1)-4 | (5-1)+1=5 | (5+4)+3 | (5+4)-4=5 | (5+4)+1 | (5-3)+3=5 | (5-3)-4 | (5-3)+1 |
| (5-2)-1 | (5-2)+4 | (5-2)-3 |  |  |  | (5+2)-1 | (5+2)+4 | (5+2)-3 |
| (5-2)-2 | +[5-2] | (5-2)+2=5 |  | +[5] |  | (5+2)-2=5 | +[5+2] | (5+2)+2 |
| (5-2)+3 | (5-2)-4 | (5-2)+1 |  |  |  | (5+2)+3 | (5+2)-4 | (5+2)+1 |
| (5+3)-1 | (5+3)+4 | (5+3)-3=5 | (5-4)-1 | (5-4)+4=5 | (5-4)-3 | (5+1)-1=5 | (5+1)+4 | (5+1)-3 |
| (5+3)-2 | +[5+3] | (5+3)+2 | (5-4)-2 | +[5-4] | (5-4)+2 | (5+1)-2 | +[5+1] | (5+1)+2 |
| (5+3)+3 | (5+3)-4 | (5+3)+1 | (5-4)+3 | (5-4)-4 | (5-4)+1 | (5+1)+3 | (5+1)-4 | (5+1)+1 |

[그림109] 구성반에서 오황살의 위치

런 구성반은 중궁의 낙서수로부터 낙서순행운동으로 포국된 것이다. 따라서 낙서순행운동을 중궁의 낙서수로부터 반대방향으로 1씩 빼주는 것으로 표현하면, 구성반에서 [그림109]처럼 중궁 숫자의 체에 시간대칭인 정반대의 궁에 5가 위치한다.

[그림109]를 문자로 일반화시키면, [그림110]이 된다. [그림110]처럼 낙서의 평행이동반에서 중궁의 구성숫자가 1만큼 증가할수록 중궁으로부터 1만큼 감소한 낙서궁(洛書宮)에 오황살인 a가 위치하게 된다. 예컨대 낙서의 평행이동반에서 중궁의 구성숫자가 1만큼 증가해서 (a+1)이 되면 낙서에서 중궁인 5궁으로부터 1만큼 감소한 〈(5-1)=4〉궁인 손궁에 오황살인 a가 위치하게 된다.

| | | | | | | | | |
|---|---|---|---|---|---|---|---|---|
| (a-1)-1 | (a-1)+4 | (a-1)-3 | (a+4)-1 | (a+4)+4 | (a+4)-3 | (a-3)-1 | (a-3)+4 | (a-3)-3 |
| (a-1)-2 | +[a-1] | (a-1)+2 | (a+4)-2 | +[a+4] | (a+4)+2 | (a-3)-2 | +[a-3] | (a-3)+2 |
| (a-1)+3 | (a-1)-4 | (a-1)+1=a | (a+4)+3 | (a+4)-4=a | (a+4)+1 | (a-3)+3=a | (a-3)-4 | (a-3)+1 |
| (a-2)-1 | (a-2)+4 | (a-2)-3 | | | | (a+2)-1 | (a+2)+4 | (a+2)-3 |
| (a-2)-2 | +[a-2] | (a-2)+2=a | | +[a] | | (a+2)-2=a | +[a+2] | (a+2)+2 |
| (a-2)+3 | (a-2)-4 | (a-2)+1 | | | | (a+2)+3 | (a+2)-4 | (a+2)+1 |
| (a+3)-1 | (a+3)+4 | (a+3)-3=a | (a-4)-1 | (a-4)+4=a | (a-4)-3 | (a+1)-1=a | (a+1)+4 | (a+1)-3 |
| (a+3)-2 | +[a+3] | (a+3)+2 | (a-4)-2 | +[a-4] | (a-4)+2 | (a+1)-2 | +[a+1] | (a+1)+2 |
| (a+3)+3 | (a+3)-4 | (a+3)+1 | (a-4)+3 | (a-4)-4 | (a-4)+1 | (a+1)+3 | (a+1)-4 | (a+1)+1 |

[그림110] 문자로 표시한 구성반에서 오황살의 위치

오황살이 위치한 손궁은 낙서의 평행이동반에서 중궁에 위치한 구성숫자의 체인 건궁과 정반대에 위치한다. 또한 낙서의 평행이동반에서 중궁의 구성숫자가 2만큼 증가해서 $(a+2)$가 되면 낙서에서 중궁인 5궁으로부터 2만큼 감소한 〈$(5-2)=3$〉궁인 진궁에 오황살인 $a$가 위치하게 된다. 오황살이 위치한 진궁은 낙서의 평행이동반에서 중궁에 위치한 구성숫자의 체인 태궁과 정반대에 위치한다. 이처럼 낙서의 평행이동반에서 중궁에 위치한 구성숫자의 체와 오황살인 $a$는 정반대의 방향에 위치한다.

이 하위단원의 마지막으로서 [그림111]에 합동식(合同式)을 이용한 낙서의 다양한 표현을 제시한다. 합동식의 개념은 『하도낙서의 과학적 탐구』의 〈제2부 하도낙서의 과학적 해석→6장 복잡계 과학에 입각한 하도낙서의 회전방향〉에 실려 있다.

| | | | | | | |
|---|---|---|---|---|---|---|
| 4 | 9 | 2 | | $5-1$ | $5+4$ | $5-3$ |
| 3 | 5 | 7 | $=$ | $5-2$ | 5 | $5+2$ |
| 8 | 1 | 6 | | $5+3$ | $5-4$ | $5+1$ |

| | | | | | | |
|---|---|---|---|---|---|---|
| $5+8$ | $5+4$ | $5+6$ | | $5-1$ | $5-5$ | $5-3$ |
| $5+7$ | 5 | $5+2$ | | $5-2$ | 5 | $5-7$ |
| $5+3$ | $5+5$ | $5+1$ | | $5-6$ | $5-4$ | $5-8$ |

(mod9) $=$ (왼쪽)  (mod9) $=$ (오른쪽)

[그림111] 합동식을 이용한 낙서의 다양한 표현

# 2장 구성기학에서 대충의 생성원리

구성기학에서 사용되는 '대충(對沖)'은 구성숫자들이 파괴되는 흉살(凶殺)의 한 종류이다. 대충은 〈연월반(年月盤), 월일반(月日盤), 일시반(日時盤)〉처럼 시간계층구조에서 내림차순인 시간으로 짜인 구성반에서 서로 마주보는 궁에 같은 구성숫자가 배치될 때 발생한다. 예를 들어서 〈2016년 양력 12월 25일 오시(午時)〉에 해당하는 〈연월반, 월일반, 일시반〉을 시간계층구조의 내림차순으로 표시하면, [그림112]가 된다. [그림112]의 연월반 중에서 상층반(上層盤)은 연반(年盤)이고 하층반(下層盤)은 월반(月盤)이다. 또한 [그림112]의 월일반 중에서 상층반은 월반이고 하층반은 일반(日盤)이다. 마지막으로 [그림112]의 일시반 중에서 상층반은 일반이고 하층반은 시반(時盤)이다. 참고로, 시간계층구조는 [그림113]처럼 점을 치는 순간에 해당하는 연월일시(年月日時)를 각 시간단위의 폭으로 포함관계를 설정한 계층구조를 지칭한다.

| 1 | ⑥ | 8 |
|---|---|---|
| 9 | 5 | 7 |
| 9 | 2丙申年 | 4 |
| 8 | 1庚子月 | 3 |
| 5 | 7 | 3 |
| 4 | ⑥ | 2 |
| 9 | ⑤ | 7 |
| 8 | 4 | 6 |
| 8 | 1庚子月 | 3 |
| 7 | 9辛巳日 | 2 |
| 4 | 6 | 2 |
| 3 | ⑤ | 1 |

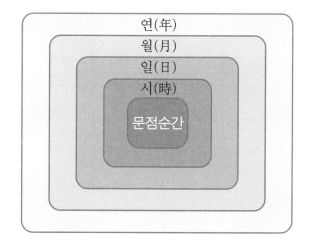

[그림112] 시간계층구조의 내림차순으로 짜인 구성반

[그림113] 연월일시의 시간계층구조

[그림112]에서 대충에 해당하는 구성숫자는 원문자로 표시하였다. 연월반에서는 ⑥대⑥ 대충이 발생하였고, 월일반에서는 ⑤대⑤ 대충이 발생하였다. 또한 일시반에서는 ②대② 대충이 발생하였다. 이러한 대충이 발생할 수 있는 모든 경우를 [그림114]처럼 문자로 일반화시키면, 대충의 생성원리와 작동원리를 규명하기 위한 관찰이 더 쉬워진다. 또한 이런 방식의 규명은 대충의 물리적 실체를 직시할 수 있게 한다는 점에서 반드시 시행될 필요가 있다.

[그림114]에서 각 궁의 위층에 위치하는 구성숫자가 아래층에 위치하는 구성숫자보다 시간계층구조에서 한 단계 위의 시간단위이다. 연월반에서는 상층

| | | | | | | | | |
|---|---|---|---|---|---|---|---|---|
| a-1<br>a-2 | **a+4**<br>**a+3** | a-3<br>a-4 | a-1<br>a+3 | a+4<br>a-1 | a-3<br>a+1 | a-1<br>a-4 | a+4<br>a+1 | a-3<br>**a+3** |
| a-2<br>a-3 | a<br>a-1 | a+2<br>a+1 | a-2<br>**a+2** | a<br>a+4 | **a+2**<br>a-3 | a-2<br>a+4 | a<br>a-3 | a+2<br>a-1 |
| a+3<br>a+2 | a-4<br>**a+4** | a+1<br>a | a+3<br>a-2 | a-4<br>a | a+1<br>a-4 | a+3<br>a | a-4<br>a+2 | a+1<br>a-2 |
| **a-1**<br>a-3 | a+4<br>a+2 | a-3<br>a+4 | a-1 | a+4 | a-3 | a-1<br>**a+1** | a+4<br>a-3 | a-3<br>a-1 |
| a-2<br>a-4 | a<br>a-2 | a+2<br>a | a-2 | a | a+2 | a-2<br>a | a<br>a+2 | a+2<br>a+4 |
| a+3<br>a+1 | a-4<br>a+3 | a+1<br>**a-1** | a+3 | a-4 | a+1 | a+3<br>a-4 | a-4<br>a-2 | **a+1**<br>a+3 |
| a-1<br>a+2 | a+4<br>a-2 | **a-3**<br>a | a-1<br>a+4 | a+4<br>a | a-3<br>a+2 | a-1<br>a | a+4<br>**a-4** | a-3<br>a-2 |
| a-2<br>a+1 | a<br>a+3 | a+2<br>a-4 | **a-2**<br>a+3 | a<br>a-4 | **a+2**<br>a-2 | a-2<br>a-1 | a<br>a+1 | a+2<br>a+3 |
| a+3<br>**a-3** | a-4<br>a-1 | a+1<br>a+4 | a+3<br>a-1 | a-4<br>a+1 | a+1<br>a-3 | a+3<br>a+4 | **a-4**<br>a-3 | a+1<br>a+2 |

[그림114] 대충이 생성되는 모든 경우

반은 연반(年盤)이고 하층반은 월반(月盤)이다. 월일반에서는 상층반은 월반이고 하층반은 일반(日盤)이다. 일시반에서는 상층반은 일반이고 하층반은 시반(時盤)이다.

[그림115]는 [그림114]의 구성반에서 중궁의 구성숫자와 대충을 맞은 숫자가 위치한 궁들만 표시한 것이다. 거시적으로 통찰하기 위해서는 전체를 표시한 [그림114]가 필요하고, 미시적으로 분석하기 위해서는 필요한 부분만을 간결하게 표시한 [그림115]가 필요하다. 따라서 [그림114]는 대충이 생성되는 모든 경우의 수와 유형을 파악할 때 유용하고, [그림115]는 대충이 흉살이 되는 이유를 규명할 때 유용하다.

| | | | | | | | | |
|---|---|---|---|---|---|---|---|---|
| | a+4<br>a+3 | | | | | | | a-3<br>a+3 (시간대칭) |
| | a<br>a-1 | 시간대칭 | a-2<br>a+2 | a<br>a+4 | a+2<br>a-3 | | a<br>a-3 | |
| | a-4<br>a+4 | 시간대칭 | | | | a+3<br>a | | |
| a-1<br>a-3 | | | a-1 | a+4 | a-3 | a-1<br>a+1 | 시간대칭 | |
| | a<br>a-2 | a+2<br>a | a-2 | a | a+2 | | a<br>a+2 | |
| | 시간대칭 | a+1<br>a-1 | a+3 | a-4 | a+1 | | | a+1<br>a+3 |
| | | a-3<br>a | | | | | a+4<br>a-4 | 시간대칭 |
| | a<br>a+3 | | a-2<br>a+3 | a<br>a-4 | a+2<br>a-2 | 시간대칭 | a<br>a+1 | |
| a+3<br>a-3 | 시간대칭 | | | | | | a-4<br>a-3 | |

[그림115] 대충이 흉살인 이유

[그림115]에서 대충을 맞은 아래층의 구성숫자와 동궁(同宮)한 위층의 구성숫자는 상층반의 중궁에 위치한 a에 대한 교대대칭 관계임이 드러난다. 낙서는 시간표시기호체계이므로, 이러한 a에 대한 교대대칭은 a를 중심으로 삼는 시간대칭이 된다. 여기에서 시간대칭의 중심인 a가 상층반의 중궁에 위치했다는 것은, 연월반처럼 2층으로 형성된 구성반에서 상층반이 바탕공간이라는 것을 의미한다. 또한 〈낙서의 평균반, 현공풍수에서 운반의 체〉처럼 바탕공간인 상층반의 출발점은 상층반의 중궁에 위치한 구성숫자만으로 채워진 평균반임을 의미한다. 이런 평균반을 '구성반의 체(體)'라고 규정하고, 평균반에 채워진 평균값을 '바탕수'라고 정의한다. [그림116]에 보이는 것처럼, 구성반은 일반

적으로 '구성반의 용(用)'을 의미하는데 구성반의 용은 바탕인 구성반의 체 안에서 존재한다. 따라서 구성반의 구성숫자는 바탕수의 환경 안에서 존재하게 된다. [그림116]의 상단 그림은 구성숫자로 표현된 구성반의 체와 용이고 하단 그림은 문자로 표현된 구성반의 체와 용이다.

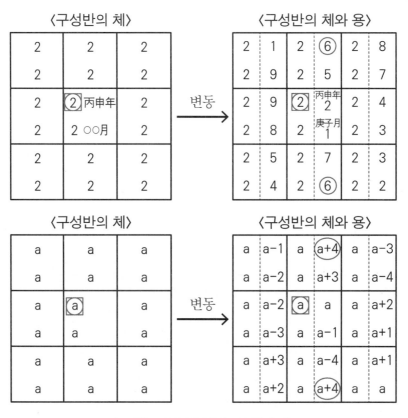

[그림116] 구성반의 체와 용

　구성반의 체와 용을 이용하면, [그림117]의 오른쪽 그림처럼 바탕수로부터 각 궁에 위치한 구성숫자들의 편차를 구할 수 있다. 이런 편차를 사용하여 하층반에서 대충을 맞은 구성숫자에 동궁한 상층반의 구성숫자를 더하면, 합이 0이 된다. 다시 말해서, 하층반에서 대충을 맞은 구성숫자는 동궁한 상층반의 시간대칭인 구성숫자에 의해서 에너지가 모두 소멸된다. 구성반에서 상층반은 궁(宮)처럼 작용하고 하층반은 그 궁에 포함되어 일방적으로 작용을 받는 성(星)이 된다. 이런 이유로 인해서 구성기학의 대충이 흉살이 된다.

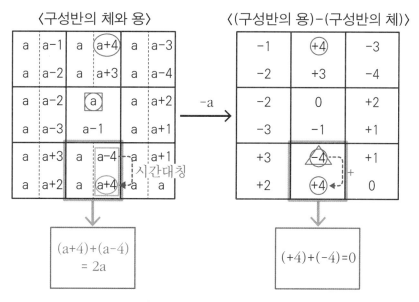

〈구성반의 체와 용〉 〈(구성반의 용)-(구성반의 체)〉

시간대칭

(a+4)+(a-4)
= 2a

(+4)+(-4)=0

[그림117] 대충의 물리적 실체

[그림117]의 왼쪽 그림에서 보이는 수식처럼 구성반의 하층반에서 대충을 맞은 구성숫자와 동궁한 상층반의 시간대칭인 구성숫자를 더하면, 바탕수의 2배가 된다. 하층반에서 대충을 맞은 구성숫자를 '대충수(對沖數)'라고 규정하고, 상층반의 시간대칭인 구성숫자를 '시간대칭수(時間對稱數)'라고 규정한다. [그림118]의 〈丙申年 庚子月〉의 연월반에서 감궁의 대충을 맞은 하층반의 6과 동궁한 시간대칭수 7의 합은 〈6+7=13≡4(mod9)〉이다. 이런 합 4는 바탕수인 연반의 중궁 숫자 2의 2배가 된다.

또한 [그림118]의 〈辛巳日 甲午時〉의 일시반에서 진궁의 대충을 맞은 하층반의 2와 동궁한 시간대칭수 7의 합은 〈2+7=9〉이다. 이런 합 9는 바탕수인 일반의 중궁 숫자 9의 2배인 18과 법9[mod9]에 대해서 합동이다.

| 1 9 | 6 5 | 8 7 |
|---|---|---|
| 9 8 | ②丙申年 1 庚子月 | 4 3 |
| 5 4 | 7 6 | 3 2 |

$$7 = 2+(-4)$$
$$+)\,6 = 2 + 4$$
$$7+6 = 2\times2 \,\langle 바탕수 \rangle$$

| 8 3 | 4 8 | 6 1 |
|---|---|---|
| 7 ② | ⑨辛巳日 4 甲午時 | ② 6 |
| 3 7 | 5 9 | 1 5 |

$$7 = 9+(-2)$$
$$+)\,2 = 9 + 2$$
$$7+2 = 2\times9 \,\langle 바탕수 \rangle$$

[그림118] 바탕수의 2배가 시간대칭수의 합

# 더 알기

## 60갑자와 등가인 낙서와 팔괘

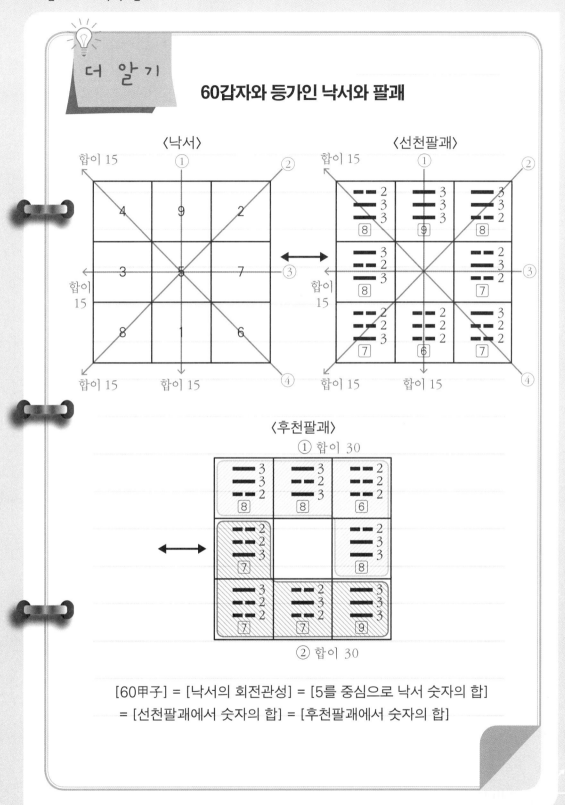

〈낙서〉

〈선천팔괘〉

〈후천팔괘〉

[60甲子] = [낙서의 회전관성] = [5를 중심으로 낙서 숫자의 합]
= [선천팔괘에서 숫자의 합] = [후천팔괘에서 숫자의 합]

# 3장 기문둔갑에서 일가팔문의 생성원리

기문둔갑(奇門遁甲)은 고대로부터 내려온 술수(術數)의 일종으로 특히 병법(兵法)에 많이 사용되었다. 기문둔갑의 시초는 「연파조수가(煙波釣叟歌)」의 다음과 같은 구절에서 유추할 수 있다. 「연파조수가」는 중국 명(明)나라 초기에 유백온(劉伯溫)이 지은 『기문둔갑비급대전(奇門遁甲秘笈大全)』二卷에 실려 있다.

"헌원황제가 치우와 전쟁을 하였는데, 탁록에서 한 해가 지나도록 전쟁이 끝나지 않음을 괴로워할 즈음에 우연히 하늘의 신이 부호로 된 비결을 주는 꿈을 꾸었다. 이에 단에 올라 제사를 올린 뒤 삼가면서 정성을 다하여 수행하였다. 신령스러운 용[神龍]이 그림을 지니고 낙수에서 나오고, 윤기가 나는 봉황[彩鳳]이 상서로운 구름 속에서 글을 입에 물었다. 이에 풍후로 하여금 문장으로 완성하도록 명령하였다. 기문둔갑은 이것으로부터 시작되었다."

"軒轅黃帝戰蚩尤 涿鹿經年若未休 偶夢天神授符訣 登壇致祭謹虔修. 神龍負圖出洛水 彩鳳銜書碧雲裡 因命風後演成文 遁甲奇門從此始."

지금까지 알아본 바와 같이, 기문둔갑은 헌원황제와 치우의 전쟁에서부터 병법으로 사용된 이후에 한(漢)의 장량(張良), 삼국시대 촉(蜀)의 제갈공명(諸葛孔明), 당(唐)의 이정(李靖), 명(明)의 유백온 등이 기문둔갑을 병법에 채용하여 국가의 확립과 발전에 기여하였다. 또한 기문둔갑은 청대(淸代)에 편찬된 백과사전인 『고금도서집성(古今圖書集成)』과 갖가지 책을 모은 총서(叢書)인 『사고전서(四庫全書)』에도 실릴 정도로 학술로서 정통성을 인정받아 왔다.

우리나라에서도 여우가 천년을 묵으면 꼬리가 아홉 개 달린 구미호(九尾狐)로 둔갑(遁甲)한다는 전래 동화나 홍길동이 둔갑술(遁甲術)을 부려 신출귀몰(神出鬼沒)하는 행각을 벌였다는 『홍길동전』에서처럼 '둔갑'이란 단어는 흔하게 등장한다. 이러한 '둔갑'은 기문둔갑의 별칭으로서, 이렇게 '둔갑'이란 단어가 흔하게 사용되어졌다는 것은 기문둔갑이 신비한 술수로서 일반 대중한테 인식되어 왔다는 증거이다.

기문둔갑을 한자의 뜻으로만 풀이하면, 다음과 같다. 奇門遁甲의 첫 번째 음절인 기(奇)는 삼기(三奇)를 의미하는데, 열 개의 천간 중에서 〈丁·丙·乙〉이고 기(奇)를 붙여서 〈정기(丁奇)·병기(丙奇)·을기(乙奇)〉라고 불린다. 구체적으로 삼기를 살펴보면, 丁奇는 성기(星奇)가 되며 丙奇는 월기(月奇)가 되고 乙奇는 일기(日奇)가 된다. 두 번째 음절인 문(門)은 팔문(八門)을 의미하는데, 구체적으로는 〈생문(生門)·상문(傷門)·두문(杜門)·경문(景門)·사문(死門)·경문(驚門)·개문(開門)·휴문(休門)〉의 여덟 개 문을 말한다. 세 번째와 네 번째 음절인 둔갑(遁甲)은, 열 개의 천간 중에서 첫 번째에 위치하여 제왕이 되는 甲木이 庚金의 공격으로부터 보신하기 위해서 육의(六儀)에 숨는 것을 의미한다. 육의는 열 개의 천간 중에서 제왕인 甲과 삼기가 되는 〈丁·丙·乙〉을 제외한 나머지 천간인 〈戊·己·庚·辛·壬·癸〉가 된다. 육십갑자(六十甲子) 중에서 甲木은 〈甲子旬·甲戌旬·甲申旬·甲午旬·甲辰旬·甲寅旬〉의 여섯 종류로 존재하므로, 이런 여섯 종류의 甲木을 육갑(六甲)이라고 부른다. 육갑 중에서 甲子旬은 육의 중에서 첫 번째인 戊에 숨고, 甲戌旬은 육의 중에서 두 번째 나오는 己에 숨는다. 또한 甲申旬은 육의 중에서 세 번째인 庚에 숨고, 甲午旬은 육의 중에서 네 번째인 辛에 숨는다. 연속적으로 甲辰旬은 육의 중에서 다섯 번째인 壬에 숨으며, 甲寅旬은 육의 중에서 여섯 번째인 癸에 숨는다.

위처럼 한자의 뜻으로만 규정되는 기문둔갑은, 주로 중국에서 발달하고 사용되어온 연국(煙局) 기문둔갑이 된다. 연국 기문둔갑은 부르기 쉽게 줄여져서 '연기(煙奇)'라고 지칭된다. 반면에 우리나라에서 발달하고 사용되어온 기문둔갑은 '홍연기(洪煙奇)'이다.

홍연기는 홍국(洪局) 기문둔갑과 연국 기문둔갑이 결합된 형태의 기문둔갑으로서 우리나라 고유의 기문둔갑이다. 홍국은 하도수(河圖數)인 홍국수(洪局數)와 생기복덕법(生氣福德法)을 표시한 팔괘 등으로 구성된다. 홍연기에서 사용되는 연국은 중국의 연기와는 크게 두 가지의 차이점을 보인다.

첫 번째 차이점은, 주로 점학(占學)으로 사용되는 중국의 연기에서는 문점(問占)한 시간의 상태를 표시하는 천반(天盤) 육의삼기에 주목하나 주로 명학(命學)으로 사용되는 홍연기의 연국에서는 지반(地盤) 육의삼기에 초점을 맞춘다는 것이다. 여기에서 천반은 [그림119]처럼 각 궁(宮)의 위층에 위치한 육의삼기를 담은 쟁반이란 의미이고, 천반 육의삼기는 각 궁의 위층에 위치한 육의삼기의 집합체를 일컫는다. 또한 지반은 [그림119]처럼 각 궁의 아래층에 위치한 육의삼기를 담은 쟁반이란 의미이고, 지반 육의삼기는 각 궁의 아래층에 위치한 육의삼기의 집합체를 일컫는다.

| 戊(천반)<br>丙(지반) | 壬(천반)<br>庚(지반) | 癸(천반)<br>戊(지반) |
|---|---|---|
| 庚(천반)<br>乙(지반) | 丁(지반) | 己(천반)<br>壬(지반) |
| 丙(천반)<br>辛(지반) | 乙(천반)<br>己(지반) | 辛(천반)<br>癸(지반) |

[그림119] 천반 육의삼기와 지반 육의삼기

두 번째 차이점은, 중국의 연기에서는 문점한 시간에 의해서 도출되는 시가팔문(時家八門)을 사용하나 홍연기의 연국에서는 생일(生日)에 의해서 도출되는 일가팔문(日家八門)을 사용한다는 점이다.

특히 우리나라 고유의 기문둔갑인 홍연기에 등장하는 일가팔문은, 〈제1부. 팔괘의 생성원리→제1장. 선천팔괘→(2) 선천팔괘의 배치원리→4) 선천팔괘의 정성적 변화와 정량적 변화〉에서 탐구한 내용으로 설계되었다. 따라서 이 단원에서 탐구하는 일가팔문의 설계원리를 통해서 팔괘의 설계원리가 어떻게 술수에 투영되어 사용되는지를 경험한다.

기문둔갑에서 일가팔문은 오직 60甲子日로 순환되어 표시되는 생일(生日)에 의해서만 생성된다. 그래서 팔문에 '日家'라고 붙여진 것이다. 비록 일가팔문은 간소한 60甲子日로 설계되었지만, 질병의 예측에서 매우 유용하다. 육의삼기는 60甲子時로 이루어진 에너지덩어리[후(候)]가 양둔(陽遁)과 음둔(陰遁)에 각각 36개가 존재하여 중궁을 제외한 8개의 궁에 각각 9개씩 배치된다. 그러나 일가팔문은 단지 60甲子日만 반복되는 구조다. 이처럼 일가팔문은 육의삼기에 비해 비교적 단순한 논리인 60甲子日로 생성됨에도 불구하고, 어떤 논리에 의해서 홍연기에서 유용한 것일까?

일가팔문은 선천팔괘의 내부에 설정된 운행규칙을 따르는 후천팔괘이다. [그림120]에 보이듯이, 일가팔문의 운행길은 양둔과 음둔 모두에서 선천팔괘

〈양둔에서 일가팔문의 운행길〉　　〈음둔에서 일가팔문의 운행길〉

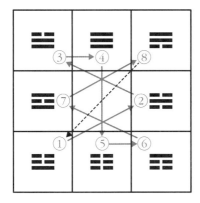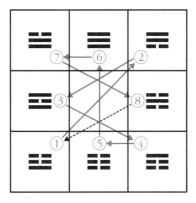

[그림120] 선천팔괘로부터 도출된 일가팔문의 운행길

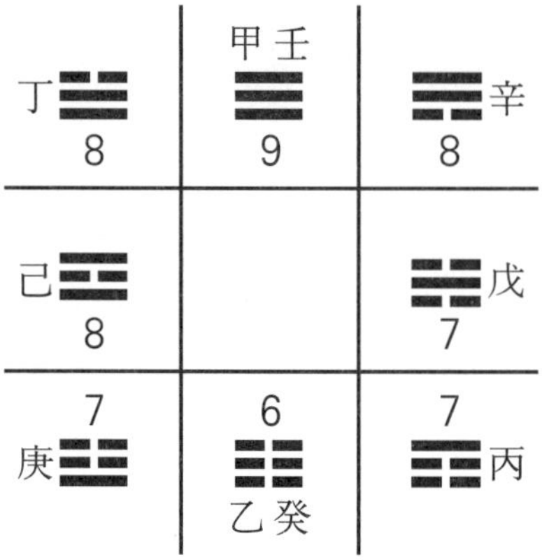

[그림121] 선천팔괘로의 납갑

의 진궁(震宮)으로부터 시작된다. 이처럼 선천팔괘의 진궁으로부터 일가팔문의 운행길이 시작되는 이유는, 진궁의 납갑(納甲)이 [그림121]처럼 庚金이기 때문이다.

庚金은 甲부터 시작하는 천간의 순서에서 일곱 번째에 위치한다. 庚金의 7은 공전하는 지구를 뜻한다. 지구의 공전에 의해서 발생하는 시간단위는 일년[1]과 양둔음둔[2], 사계절[4]이다. 이런 시간단위를 합하면 7이 된다. 따라서 7인 庚金이 공전하는 지구를 뜻한다. 또한 기문둔갑은 제왕인 甲木을 庚金으로부터 숨기므로, 庚金을 특별히 주목한다. 동양점성술인 자미두수(紫微斗數)에서도 庚의 화록(化祿)이 공전하는 태양(太陽)이다. 이 모든 것은 庚金이 공전하는 지구이기 때문이다. 자전이 모이면 공전이 된다. 일가팔문의 근원인 60甲子日이 쌓이면 지구의 공전이 된다. 이처럼 공전하는 지구를 상징하는 7인 庚金이 납갑으로 震宮에 대응되므로, 일가팔문의 운행길은 진궁에서 시작된다.

일가팔문의 포국법은 [그림122]의 내용인 선천팔괘에서 일가팔문의 운행길을 규명하는 것부터 시작된다.

[그림122]에 보이는 것처럼, 일가팔문의 운행길은 두 개의 하위단위로 구성되어 있다. 첫 번째 하위단위는 지구의 공전을 의미하는 庚金에 대응된 진괘로

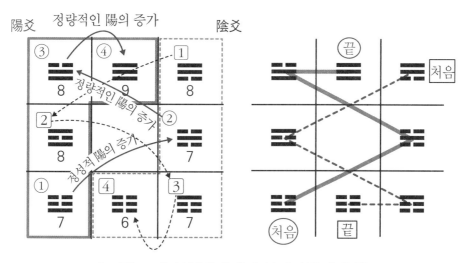

[그림122] 선천팔괘에서 일가팔문의 운행

부터 시작되고, 두 번째 하위단위는 진괘와 음양교대대칭[5에 대한 교대대칭]인 손괘로부터 시작된다.

첫 번째 하위단위에서는 출발점인 진괘[7]가 가장 하단에 있으며 양의(陽儀)에 해당하므로 방원 구조에 입각하여 〈초효→중효→상효〉로 陽이 증가하는 운행길을 찾는다. 陽이 증가하는 방식은 두 가지 경우의 수가 존재한다. 한 가지는 정량적 관점으로 양효가 하나 더 추가되는 것이며, 이렇게 되면 태괘[8]가 나온다. 다른 한 가지는 정성적 관점으로 양효의 위치가 한 층 위로 올라가는 것인데 이렇게 되면 감괘[7]가 된다. 그런데 첫 번째와 같이 정량적으로 증가하면 태괘[8] 다음에 바로 건괘[9]가 나오므로 더 이상 변화가 없게 된다. 따라서 처음에는 정성적으로 증가하고, 두 번째와 세 번째에는 정량적으로 증가하여 건괘[9]에 이르도록 한다. 그 순서는 [그림122]에 실선 화살표로 표시하였다.

두 번째 하위단위에서는 출발점인 손괘[8]가 가장 상단에 있으며 음의(陰儀)에 해당하므로 방원 구조에 입각하여 〈초효→중효→상효〉로 陰이 증가하는 운행길을 찾는다. 방원 구조에 입각하여 陰이 증가하는 방식은 두 가지 경우의 수가 존재한다. 한 가지는 정량적 관점으로 양효가 음효로 바뀌는 것이며, 이렇게 되면 간괘[7]가 나온다. 다른 한 가지는 정성적 관점으로 음효의 위치가 한 층 위로 올라가는 것인데 이렇게 되면 이괘[8]가 된다. 그런데 첫 번째와 같이 정량적으로 증가하면 간괘[7] 다음에 바로 곤괘[6]가 나오므로 더 이상 변화가 없게 된다. 따라서 처음에는 정성적으로 증가하고, 두 번째와 세 번째에는 정량적으로 증가하여 곤괘[6]에 이르도록 한다. 그 순서는 [그림122]에 점선 화살표로 표시하였다.

지금까지 살펴본 선천팔괘에서 일가팔문의 운행길이 생성된 원리를 [표23]에 다시 정리하였다.

### [표23] 선천팔괘에서 일가팔문의 운행규칙의 생성원리

| 1(始) | 정성적 변화 | 2 | 정량적 변화 | 3 | 정량적 변화 | 4(終) |
|---|---|---|---|---|---|---|
| ☶ 7 | ➡ | ☶ 7 | ➡ | ☳ 8 | ➡ | ☰ 9 |
| 1(始) | 정성적 변화 | 2 | 정량적 변화 | 3 | 정량적 변화 | 4(終) |
| ☳ 8 | ⋯➤ | ☶ 8 | ⋯➤ | ☷ 7 | ⋯➤ | ☷ 6 |

이미 [그림122]와 [표23]에서 제시한 두 개의 하위단위를 합치면, 일가팔문의 운행길은 아래와 같은 순서로 진행되게 된다. 혼동이 없도록 [그림122]에 표기한 번호대로 구궁에 배치해보고 이를 다시 1에서 8까지의 연속된 숫자로 표시하여 정리했다. 먼저 [그림122]를 토대로 순서대로 배치해보면, 다음과 같다.

〈(震宮에서 시작) ① ⇒ ② ⇒ ③ ⇒ ④ (乾宮에서 마침) ↔ ④ (坤宮에서 마침) ⇒ ③ ⇒ ② ⇒ ① (巽宮에서 시작)〉로 진행되는 것이다.

이를 순서대로 구궁에 정리해보면, [그림123]이 된다.

| ③ | ④ | ① |
|---|---|---|
| ② | 5 | ② |
| ① | ④ | ③ |

[그림123] 일가팔문 운행길에서 하위단위의 결합

양둔에 속하는 60甲子日이 일가팔문의 운행길에 배치되면, [그림124]가 된다. [그림124]에서 각 궁에 干支를 배속할 때 아래에서 위로 쌓아올리듯이 배

| 3 | | | 4 | | | 8 | | |
|---|---|---|---|---|---|---|---|---|
| 壬申 | 丙申 | 庚申 | 乙亥 | 己亥 | 癸亥 | 丁亥 | 辛亥 | |
| 辛未 | 乙未 | 己未 | 甲戌 | 戊戌 | 壬戌 | 丙戌 | 庚戌 | |
| 庚午 | 甲午 | 戊午 | 癸酉 | 丁酉 | 辛酉 | 乙酉 | 己酉 | |
| 7 | | | | | | 2 | | |
| 甲申 | 戊申 | | | | | 己巳 | 癸巳 | 丁巳 |
| 癸未 | 丁未 | | | | | 戊辰 | 壬辰 | 丙辰 |
| 壬午 | 丙午 | | | | | 丁卯 | 辛卯 | 乙卯 |
| 1 | | | 5 | | | 6 | | |
| 丙寅 | 庚寅 | 甲寅 | 戊寅 | 壬寅 | | 辛巳 | 乙巳 | |
| 乙丑 | 己丑 | 癸丑 | 丁丑 | 辛丑 | | 庚辰 | 甲辰 | |
| 甲子 | 戊子 | 壬子 | 丙子 | 庚子 | | 己卯 | 癸卯 | |

[그림124] 양둔에서 일가팔문의 운행길

속했는데, 이는 3개의 효를 쌓아 올린 것과 같다. 이처럼 하나의 궁에 3개의 干支를 쌓아 올리고 난 후 다음의 일가팔문의 운행길에 해당하는 궁으로 이동한다. 일가팔문에서는 1日이 하나의 효에 대응되므로, 세 개의 효가 모여서 하나의 괘가 되는 시간단위인 3일 동안 같은 일가팔문을 갖는다. 다시 말해서, 일가팔문은 3일마다 이동한다. 또한 양둔에서는 진궁으로부터 출발하여 陽이 증가하는 운행길인 〈7[진궁]→7[감궁]→8[태궁]→9[건궁]→6[곤궁]→7[간궁]→8[이궁]→8[손궁]〉을 따라서 일가팔문인 〈생문(生門)→상문(傷門)→두문(杜門)→경문(景門)→사문(死門)→경문(驚門)→개문(開門)→휴문(休門)〉이 붙는다.

음둔에 속하는 60甲子日이 일가팔문의 운행길에 배치되면, [그림125]

| 7 | 6 | 2 |
|---|---|---|
| 甲申 戊申 / 癸未 丁未 / 壬午 丙午 | 辛巳 乙巳 / 庚辰 甲辰 / 己卯 癸卯 | 己巳 癸巳 丁巳 / 戊辰 壬辰 丙辰 / 丁卯 辛卯 乙卯 |

| 3 | | 8 |
|---|---|---|
| 壬申 丙申 庚申 / 辛未 乙未 己未 / 庚午 甲午 戊午 | | 丁亥 辛亥 / 丙戌 庚戌 / 乙酉 己酉 |

| 1 | 5 | 4 |
|---|---|---|
| 丙寅 庚寅 甲寅 / 乙丑 己丑 癸丑 / 甲子 戊子 壬子 | 戊寅 壬寅 / 丁丑 辛丑 / 丙子 庚子 | 乙亥 己亥 癸亥 / 甲戌 戊戌 壬戌 / 癸酉 丁酉 辛酉 |

[그림125] 음둔에서 일가팔문의 운행길

가 된다. 음둔에서도 진궁으로부터 출발하여 陰이 증가하는 운행길인 〈7[진궁]→8[손궁]→8[이궁]→7[간궁]→6[곤궁]→9[건궁]→8[태궁]→7[감궁]〉을 따라서 일가팔문인 〈생문(生門)→상문(傷門)→두문(杜門)→경문(景門)→사문(死門)→경문(驚門)→개문(開門)→휴문(休門)〉이 붙는다.

일가팔문의 본질은 공간표상기호체계의 용(用)인 후천팔괘이다. 공간표상기호체계가 시간의 흐름에 따라서 실제로 발현되는 후천팔괘의 순서가 일가팔문이 사용되는 순서이다. [그림126]처럼 일가팔문은 〈생문(生門)→상문(傷門)→두문(杜門)→경문(景門)→사문(死門)→경문(警門)→개문(開門)→휴문(休門)〉의 순서로 사용된다.

| ③ 杜門 [巽卦] | ④ 景門 [離卦] | ⑤ 死門 [坤卦] |
|---|---|---|
| ② 傷門 [震卦] |  | ⑥ 驚門 [兌卦] |
| ① 生門 [艮卦] | ⑧ 休門 [坎卦] | ⑦ 開門 [乾卦] |

[그림126] 일가팔문의 순서

마지막으로 양둔과 음둔의 각각에 속한 己巳日과 乙未日에 해당하는 일가팔문을 구하는 예제를 제시한다.

양둔에서 己巳日은 [그림124]처럼 일가팔문의 양둔 운행길에서 두 번째인 선천팔괘의 감궁에 속한다. 따라서 [그림127]처럼 선천팔괘의 감궁에 일가팔문의 첫 번째인 생문을 기입하고서 운행길을 따라서 일가팔문을 순서대로 붙여간다.

| | | |
|---|---|---|
| ② 傷門 | ③ 杜門 | ⑦ 開門 |
| ⑥ 驚門 | | ① 生門<br>[己巳日] |
| ⑧ 休門 | ④ 景門 | ⑤ 死門 |

[그림127] 양둔 己巳日의 일가팔문

양둔에서 乙未日은 [그림124]처럼 일가팔문의 양둔 운행길에서 세 번째인 선천팔괘의 태궁에 속한다. 따라서 [그림128]처럼 선천팔괘의 태궁에 일가팔문의 첫 번째인 생문을 기입하고서 운행길을 따라서 일가팔문을 순서대로 붙여간다.

| | | |
|---|---|---|
| ① 生門<br>[乙未日] | ② 傷門 | ⑥ 驚門 |
| ⑤ 死門 | | ⑧ 休門 |
| ⑦ 開門 | ③ 杜門 | ④ 景門 |

[그림128] 양둔 乙未日의 일가팔문

음둔에서 己巳日은 [그림125]처럼 일가팔문의 음둔 운행길에서 두 번째인 선천팔괘의 손궁에 속한다. 따라서 [그림129]처럼 선천팔괘의 손궁에 일가팔문의 첫 번째인 생문을 기입하고서 운행길을 따라서 일가팔문을 순서대로 붙여간다.

| | | |
|---|---|---|
| ⑥ 驚門 | ⑤ 死門 | ① 生門<br>[己巳日] |
| ② 傷門 | | ⑦ 開門 |
| ⑧ 休門 | ④ 景門 | ③ 杜門 |

[그림129] 음둔 己巳日의 일가팔문

음둔에서 乙未日은 [그림125]처럼 일가팔문의 음둔 운행길에서 세 번째인
선천팔괘의 이궁에 속한다. 따라서 [그림130]처럼 선천팔괘의 이궁에 일가
팔문의 첫 번째인 생문을 기입하고서 운행길을 따라서 일가팔문을 순서대로
붙여간다.

| | | |
|---|---|---|
| ⑤ 死門 | ④ 景門 | ⑧ 休門 |
| ① 生門<br>[乙未日] | | ⑥ 驚門 |
| ⑦ 開門 | ③ 杜門 | ② 傷門 |

[그림130] 음둔 乙未日의 일가팔문

# 4장 생기복덕 팔괘의 설계원리

생기복덕(生氣福德) 팔괘는 결혼 택일(擇日), 이사 택일, 질병치료 택일, 풍수, 기문둔갑 등의 매우 다양한 행사와 술수에서 빈번하게 사용된다. 또한 역학에서도 일가팔문과 함께 생기복덕 팔괘는 선천팔괘가 운행규칙이며, 후천팔괘가 시간에 따른 공간의 상태를 알려주는 용(用)으로 사용되는 대표적 사례이다. 다시 말해서, 일가팔문과 생기복덕 팔괘에서 선천팔괘는 도로가 되고 후천팔괘는 그 도로에서 운행하는 자동차가 된다.

'생기복덕 팔괘'는 나이나 일진(日辰), 홍국수 등을 팔괘에 대응시킨 후, 팔괘를 형성하는 효(爻)들의 변화로 공간의 상태가 표시하는 운수를 보는 방법이다. 다시 말해서, 생기복덕 팔괘는 〈나이, 간지 체계의 시간단위, 홍국수〉 등에 대응된 후천팔괘가 〈상효·중효·하효〉의 순차적인 음양교대변화를 통해서 선천팔괘의 내부공간을 이동하는 현상을 표시한 것이다. 여기에서 후천팔괘가 겪는 〈상효·중효·하효〉의 순차적인 음양교대변화는 선천팔괘가 방원의 구조로 〈팔괘⊂사상(四象)⊂양의(兩儀)⊂태극(太極)〉으로 계층화된 다층공간을 이웃하는 하위공간부터 순차적으로 이동하는 현상을 간접적으로 표시한 것이다. 따라서 선천팔괘는 생기복덕 팔괘들이 생성되는 도로가 되고, 후천팔괘는 〈나이, 간지 체계의 시간단위, 홍국수〉에 의해서 발생되는 자동차가 된다.

생기복덕 팔괘의 본질은 공간표상기호체계의 용(用)인 후천팔괘이다. [그림 131]처럼 공간표상기호체계 중에서 시간의 흐름에 따라서 표면으로 드러나는 후천팔괘의 순서가 생기복덕 팔괘의 명칭 순서가 된다. 다시 말해서, 〈나이, 간지 체계의 시간단위, 홍국수〉에 대응된 후천팔괘인 원괘(原卦)를 출발점으로 삼아서 〈상효(上爻)→중효(中爻)→하효(下爻)→중효(中爻)→상효(上爻)→중효(中爻)→하효(下爻)→중효(中爻)〉의 변화로 생성된 생기복덕 팔괘의 명칭은 〈생기(生氣)→천의(天宜)→절체(絶體)→유혼(遊魂)→화해(禍害)→복덕(福德)→절명(絶命)→귀혼(歸魂)〉이 된다[표24]. [그림131]을 '생기복덕 팔괘의 정위반(正位盤)'이라고도 일컫는다.

| ③ 絶體 [巽卦] | ④ 遊魂 [離卦] | ⑤ 禍害 [坤卦] |
|---|---|---|
| ② 天宜 [震卦] |  | ⑥ 福德 [兌卦] |
| ① 生氣 [艮卦] | ⑧ 歸魂 [坎卦] | ⑦ 絶命 [乾卦] |

[그림131] 생기복덕 팔괘의 순서와 본질

[표24] 생기복덕 팔괘의 순서별 명칭

| 순서 | ① | ② | ③ | ④ | ⑤ | ⑥ | ⑦ | ⑧ |
|---|---|---|---|---|---|---|---|---|
| 變爻 | 上爻 | 中爻 | 下爻 | 中爻 | 上爻 | 中爻 | 下爻 | 中爻 |
| 생기복덕 | 생기 | 천의 | 절체 | 유혼 | 화해 | 복덕 | 절명 | 귀혼 |

생기복덕 팔괘에 대한 이해의 폭을 넓히기 위해서, 성별(性別) 나이에 따른 생기복덕 팔괘에 배당된 일진을 구하는 사례를 제시한다.

첫 번째 사례로 햇수 나이로 22세인 남자의 생기복덕 팔괘에 배당된 일진을 구해본다. 햇수 나이는 사람이 태어남과 동시에 한 살로 치고 그 후 새해의 1월 1일마다 한 살을 더하는 나이 계산법이다. 먼저 남자의 나이에 배당된 후천팔괘는 [그림132]와 같다. [그림132]에서 22세인 남자에 배당된 후천팔괘는 진괘[☳]이다. [표25]에 진괘로부터 도출된 생기복덕 팔괘를 정리하였다. [표25]를 다시 후천팔괘에 표시하면, [그림133]이 된다. 결과적으로 22세인 남자는 子日이 되면 생기복덕 팔괘로 복덕일이 되고, 戌日과 亥日이 되면 생기복덕 팔괘로 천의일이 된다.

| 7세<br>15세<br><br>[巽卦] | 출발점<br>8세, 16세<br>40세<br>[離卦] | 9세<br>17세<br><br>[坤卦] |
|---|---|---|
| 6세<br>14세, 22세<br>30세<br>[震卦] | | 2세<br>10세, 18세<br><br>[兌卦] |
| 5세<br>13세, 21세<br><br>[艮卦] | 4세<br>12세, 20세<br><br>[坎卦] | 3세<br>11세, 19세<br><br>[乾卦] |

[그림132] 남자의 나이에 대응된 후천팔괘

[표25] 진괘로부터 도출된 생기복덕 팔괘

| 순서 | ① | ② | ③ | ④ | ⑤ | ⑥ | ⑦ | ⑧ |
|---|---|---|---|---|---|---|---|---|
| 變爻 | 上爻 | 中爻 | 下爻 | 中爻 | 上爻 | 中爻 | 下爻 | 中爻 |
| 原卦: ☳ | ☴ | ☶ | ☲ | ☳ | ☵ | ☱ | ☰ | ☳ |
| 생기복덕 | 생기 | 천의 | 절체 | 유혼 | 화해 | 복덕 | 절명 | 귀혼 |

| | 巳日 | 午日 | 未日 | |
|---|---|---|---|---|
| 辰日 | 절체 | 생기 | 화해 | 申日 |
| 卯日 | 귀혼 | | 절명 | 酉日 |
| 寅日 | 유혼 | 복덕 | 천의 | 戌日 |
| | 丑日 | 子日 | 亥日 | |

[그림133] 22세 남자의 생기복덕에 배당된 일진

두 번째 사례로 햇수 나이로 19세인 여자의 생기복덕 팔괘에 배당된 일진을 구해본다. 먼저 여자의 나이에 배당된 후천팔괘는 [그림134]와 같다. [그림134]에서 19세인 여자에 배당된 후천팔괘는 곤괘[☷]이다. [표26]에 곤괘로부터 도출된 생기복덕 팔괘를 정리하였다. [표26]을 다시 후천팔괘에 표시하면, [그림135]가 된다. 결과적으로 19세인 여자는 子日이 되면 생기복덕 팔괘로 절명일이 되고, 戌日과 亥日이 되면 생기복덕 팔괘로 절체일이 된다.

| | | |
|---|---|---|
| 5세<br>13세, 21세<br>[巽卦] | 4세<br>12세, 20세<br>[離卦] | 3세<br>11세, 19세<br>[坤卦] |
| 6세<br>14세, 22세<br>30세<br>[震卦] | | 2세<br>10세, 18세<br>[兌卦] |
| 7세<br>15세<br>[艮卦] | 출발점<br>8세, 16세<br>40세<br>[坎卦] | 9세<br>17세<br>[乾卦] |

[그림134] 여자의 나이에 대응된 후천팔괘

## [표26] 곤괘로부터 도출된 생기복덕 팔괘

| 순서 | ① | ② | ③ | ④ | ⑤ | ⑥ | ⑦ | ⑧ |
|---|---|---|---|---|---|---|---|---|
| 變爻 | 上爻 | 中爻 | 下爻 | 中爻 | 上爻 | 中爻 | 下爻 | 中爻 |
| 原卦: ☷ | ☵ | ☶ | ☳ | ☰ | ☴ | ☲ | ☱ |
| 생기복덕 | 생기 | 천의 | 절체 | 유혼 | 화해 | 복덕 | 절명 | 귀혼 |

[그림135] 19세 여자의 생기복덕에 배당된 일진

이미 앞에서 제시한 것처럼, 〈나이, 간지 체계의 시간단위, 홍국수〉 등에 대응된 후천팔괘가 겪는 〈상효·중효·하효〉의 순차적인 음양교대변화는 선천팔괘가 방원의 구조로 〈팔괘⊂사상(四象)⊂양의(兩儀)⊂태극(太極)〉으로 계층화된 다층공간을 이웃하는 하위공간부터 순차적으로 이동하는 현상을 간접적으로 표시한 것이다.

다시 한 번 생기복덕 팔괘가 생성되는 과정을 정리하면, 다음과 같다. 〈팔괘⊂사상(四象)⊂양의(兩儀)⊂태극(太極)〉으로 계층화된 선천팔괘의 전체공간에서 〈나이, 간지 체계의 시간단위, 홍국수〉에 대응된 괘가 먼저 같은 사상(四

象)의 범위에 포함된 이웃한 괘로 이동하고[상효가 변화], 두 번째로 사상들 사이를 이동한다[중효가 변화]. 이어서 세 번째로 사상들이 포함된 큰 주머니인 양의(兩儀)들 사이를 이동한다[하효가 변화]. 이렇게 처음의 세 단계에서는 범위가 작은 계층에서 큰 계층으로 이동한다. 이어서는 반동(反動)하여 큰 계층에서 작은 계층으로 이동한다. 따라서 네 번째로는 사상들 사이를 이동한다[중효가 변화]. 다섯 번째로는 같은 사상 안에 위치한 괘들 사이를 이동한다[상효가 변화]. 결과적으로 네 번째와 다섯 번째 과정에서 범위가 큰 계층에서 작은 계층으로 이동한다. 다시 반동하여 여섯 번째로는 사상들 사이를 이동한다[중효가 변화]. 일곱 번째로는 가장 큰 주머니인 양의들 사이를 이동한다[하효가 변화]. 결과적으로 여섯 번째와 일곱 번째 과정에서 범위가 작은 계층에서 큰 계층으로 이동한다. 마지막으로 반동하여 사상들 사이를 이동하여 출발점인 원래의 괘로 회귀한다[중효가 변화]. 선천팔괘의 계층구조에서 공간이동에 의한 생기복덕 팔괘의 생성과정을 [그림136]에 정리하였다.

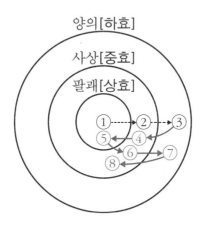

[그림136] 선천팔괘 계층구조에서 공간이동으로 도출된 생기복덕 팔괘

선천팔괘의 계층구조에서 공간이동에 의한 생기복덕 팔괘의 생성과정을 건괘부터 곤괘까지 모두 살펴본다.

첫째로 건괘로부터 도출되는 생기복덕 팔괘의 생성과정을 [표27]과 [그림137], [그림138]에 도시하였다.

### [표27] 건괘로부터 도출된 생기복덕 팔괘

| 순서 | ① | ② | ③ | ④ | ⑤ | ⑥ | ⑦ | ⑧ |
|---|---|---|---|---|---|---|---|---|
| 變爻 | 上爻 | 中爻 | 下爻 | 中爻 | 上爻 | 中爻 | 下爻 | 中爻 |
| 原卦: ☰ | ☴ | ☶ | ☵ | ☷ | ☱ | ☲ | ☳ | ☰ |
| 생기복덕 | 생기 | 천의 | 절체 | 유혼 | 화해 | 복덕 | 절명 | 귀혼 |

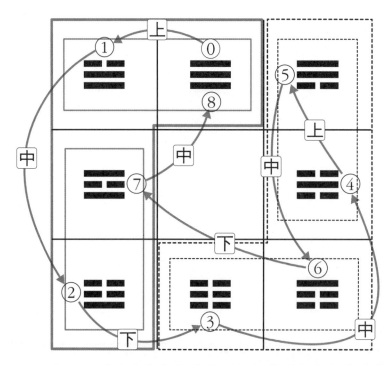

[그림137] 선천팔괘에서 건괘로부터 생기복덕의 생성과정

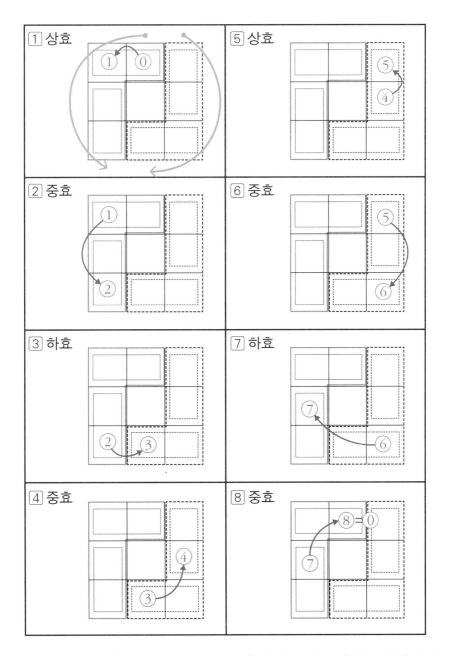

[그림138] 선천팔괘에서 건괘로부터 생기복덕의 단계별 생성과정

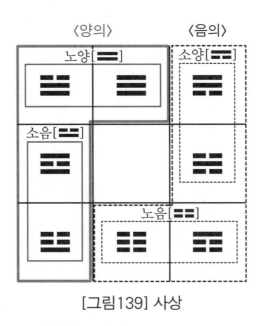

　　[그림138]의 ①에서 건괘[☰]의 상효가 변해서 태괘[☱]로 전환된 것은, 같은 사상의 주머니 안에서 바로 이웃하는 괘로 이동한 현상이다. 이처럼 상효가 변하는 것은 같은 사상의 주머니에 위치한 가장 인접한 괘로 이동하는 현상이다.

　　②에서 태괘[☱]의 중효가 변해서 진괘[☳]로 전환된 것은, 동일한 양의(陽儀)의 주머니 안에 속한 사상들 사이에서 이동한 현상이다. 이 때 상효와 하효가 고정된 채 중효만 변하므로, 가장 큰 주머니인 양의(陽儀) 안에서 이동이 되는 동시에 사상 안에서 짝수 번째인 것을 유지한 상황이 된다. 다시 말해서, [그림139]처럼 노양(老陽)에서 2번째에 위치한 태괘가 소음(少陰)의 2번째에 위치한 진괘로 이동한 현상이 상효가 유지된 채 중효만 변한 효과이다. 하효가 고정된 상황에서 이동하므로, 가장 큰 주머니인 양의(陽儀) 안에서 이동한 것이 된다.

[그림139] 사상

　　③에서 진괘[☳]의 하효가 변해서 곤괘[☷]로 전환된 것은, 가장 큰 주머니

인 양의(兩儀)들 사이에서 이동한 현상이다. 진괘가 속한 양의(陽儀)에서 곤괘가 속한 음의(陰儀)로 가장 큰 주머니를 갈아탔다. 이 때 상효와 중효가 고정된 채 하효만 변하므로, [그림140]처럼 진괘가 양의(陽儀)의 주머니에서 4번째 순서인 것이 음의의 주머니에서도 대칭적으로 유지되어 4번째인 곤괘로 이동한 것이다. 또한 ③에서 보이듯이, 건괘로부터 출발한 생기복덕 팔괘가 〈상효→중효→하효〉까지 이동하면 배합괘(配合卦)인 곤괘가 된다. 이런 현상은 팔괘의 모든 괘로부터 도출되는 생기복덕 팔괘에 적용된다. 절체인 괘는 〈원괘, 귀혼괘〉와 배합괘의 관계이다. '배합괘'는 양효는 음효와 짝을 이루고 음효는 양효와 짝을 이루는 규칙을 따라서 모든 효가 음양교대로 전환된 괘이다. 예를 들어, 순수한 양으로 이루어진 건괘(☰)의 배합괘는 곤괘(☷)가 되고, 이괘(☲)의 배합괘는 감괘(☵)가 된다. 배합괘 대신에 '착괘(錯卦)'라고도 한다.

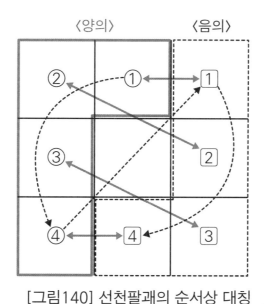

[그림140] 선천팔괘의 순서상 대칭

[표28]에 모든 배합괘를 정리하였다. 또한 생기복덕 팔괘의 모든 배합괘 관계를 [표29]에 정리하였다.

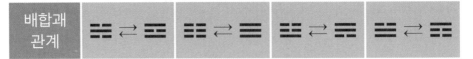 

## [표28] 배합괘

| 배합괘<br>관계 | ☷ ⇄ ☵ | ☳ ⇄ ☰ | ☶ ⇄ ☱ | ☲ ⇄ ☴ |
|---|---|---|---|---|

## [표29] 생기복덕 팔괘에서 배합괘

| 배합괘<br>관계 | 귀혼[=원괘]<br>⇄절체 | 생기⇄복덕 | 천의⇄화해 | 유혼⇄절명 |
|---|---|---|---|---|

④에서 곤괘(☷)의 중효가 변해서 감괘[☵]로 전환된 것은, 동일한 음의의 주머니 안에 속한 사상들 사이에서 이동한 현상이다.

⑤에서 감괘[☵]의 상효가 변해서 손괘[☴]로 전환된 것은, 같은 사상의 주머니 안에서 바로 이웃하는 괘로 이동한 현상이다.

⑥에서 손괘[☴]의 중효가 변해서 간괘[☶]로 전환된 것은, 동일한 음의의 주머니 안에 속한 사상들 사이에서 이동한 현상이다.

⑦에서 간괘[☶]의 하효가 변해서 이괘[☲]로 전환된 것은, 가장 큰 주머니인 양의(兩儀)들 사이에서 이동한 현상이다. 간괘가 속한 음의에서 이괘가 속한 양의(陽儀)로 가장 큰 주머니를 갈아탔다.

⑧에서 이괘[☲]의 중효가 변해서 출발점인 건괘[☰]로 회귀한 것은, 동일한 양의의 주머니 안에 속한 사상들 사이에서 이동한 현상이다.

참고로, [그림140]에서 보이는 것처럼 선천팔괘는 반시계방향의 지도우전이 생성원리가 아니고 오른손법칙에 의한 〈양의우전 음의좌선〉이다. 따라서 양의(陽儀)가 끝나는 진괘가 중궁을 걸쳐서 음의의 출발점인 손괘로 연결된다. 이러한 현상을 반영하여 홍연기에서 중궁의 지반 홍국수가 중궁에서 五이면, 손궁인 四와 동일하게 생기복덕 팔괘를 구한다.

둘째로 태괘로부터 도출되는 생기복덕 팔괘의 생성과정을 [표30]과 [그림
141], [그림142]에 도시하였다.

[표30] 태괘로부터 도출된 생기복덕 팔괘

| 순서 | ① | ② | ③ | ④ | ⑤ | ⑥ | ⑦ | ⑧ |
|---|---|---|---|---|---|---|---|---|
| 變爻 | 上爻 | 中爻 | 下爻 | 中爻 | 上爻 | 中爻 | 下爻 | 中爻 |
| 原卦: ☱ | ☰ | ☵ | ☶ | ☴ | ☳ | ☲ | ☷ | ☷ |
| 생기복덕 | 생기 | 천의 | 절체 | 유혼 | 화해 | 복덕 | 절명 | 귀혼 |

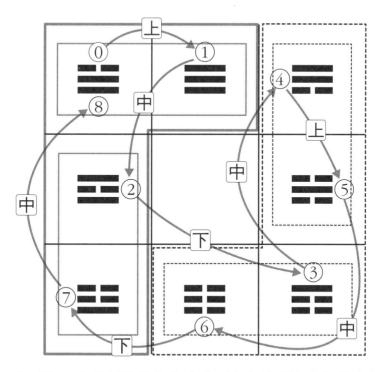

[그림141] 선천팔괘에서 태괘로부터 생기복덕의 생성과정

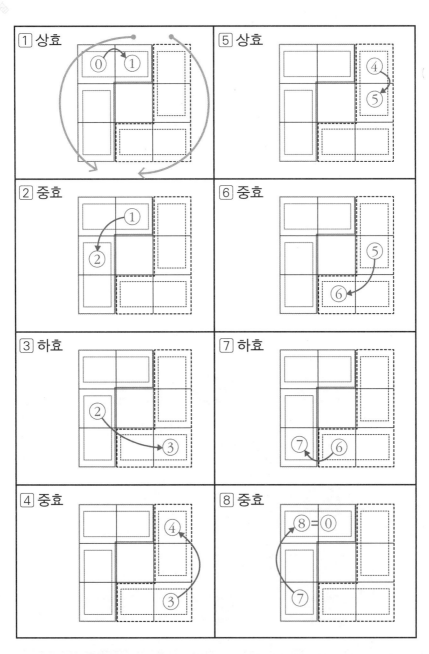

[그림142] 선천팔괘에서 태괘로부터 생기복덕의 단계별 생성과정

셋째로 이괘로부터 도출되는 생기복덕 팔괘의 생성과정을 [표31]과 [그림 143], [그림144]에 도시하였다.

[표31] 이괘로부터 도출된 생기복덕 팔괘

| 순서 | ① | ② | ③ | ④ | ⑤ | ⑥ | ⑦ | ⑧ |
|---|---|---|---|---|---|---|---|---|
| 變爻 | 上爻 | 中爻 | 下爻 | 中爻 | 上爻 | 中爻 | 下爻 | 中爻 |
| 原卦: ☲ | ☷ | ☴ | ☲ | ☷ | ☲ | ☰ | ☳ | ☵ |
| 생기복덕 | 생기 | 천의 | 절체 | 유혼 | 화해 | 복덕 | 절명 | 귀혼 |

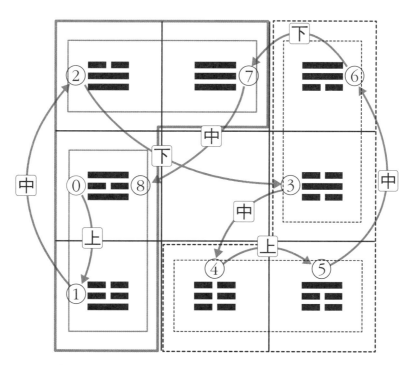

[그림143] 선천팔괘에서 이괘로부터 생기복덕의 생성과정

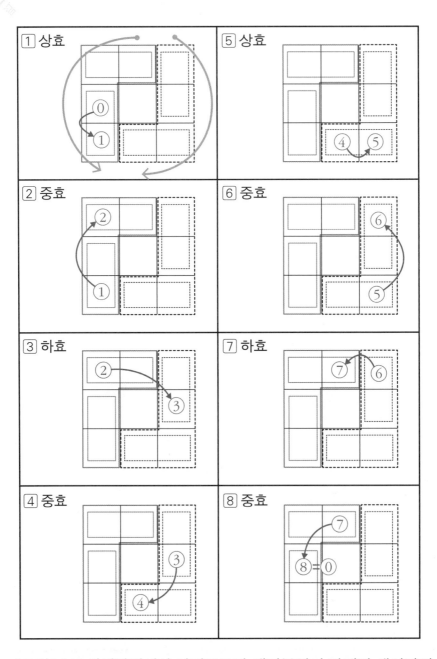

[그림144] 선천팔괘에서 이괘로부터 생기복덕의 단계별 생성과정

넷째로 진괘로부터 도출되는 생기복덕 팔괘의 생성과정을 [표32]와 [그림145], [그림146]에 도시하였다.

[표32] 진괘로부터 도출된 생기복덕 팔괘

| 순서 | ① | ② | ③ | ④ | ⑤ | ⑥ | ⑦ | ⑧ |
|---|---|---|---|---|---|---|---|---|
| 變爻 | 上爻 | 中爻 | 下爻 | 中爻 | 上爻 | 中爻 | 下爻 | 中爻 |
| 原卦:☳ | ☵ | ☰ | ☴ | ☶ | ☲ | ☱ | ☷ |
| 생기복덕 | 생기 | 천의 | 절체 | 유혼 | 화해 | 복덕 | 절명 | 귀혼 |

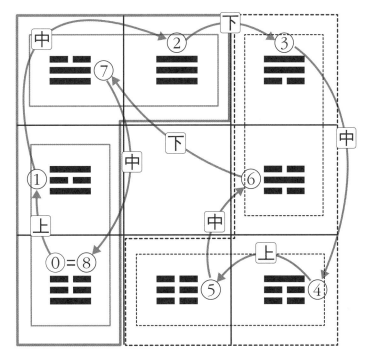

[그림145] 선천팔괘에서 진괘로부터 생기복덕의 생성과정

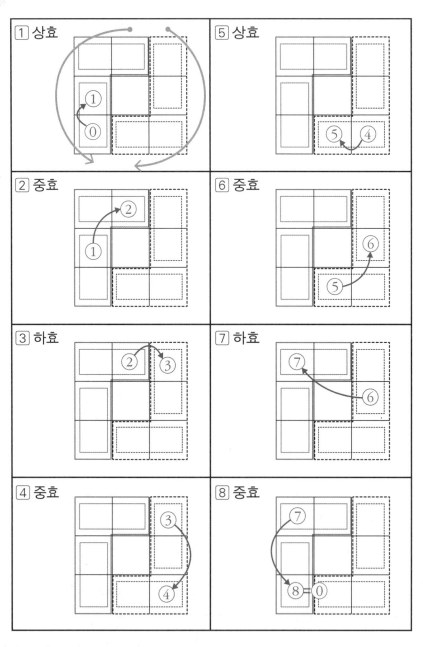

[그림146] 선천팔괘에서 진괘로부터 생기복덕의 단계별 생성과정

다섯째로 손괘로부터 도출되는 생기복덕 팔괘의 생성과정을 [표33]과 [그림147], [그림148]에 도시하였다.

[표33] 손괘로부터 도출된 생기복덕 팔괘

| 순서 | ① | ② | ③ | ④ | ⑤ | ⑥ | ⑦ | ⑧ |
|------|-----|-----|-----|-----|-----|-----|-----|-----|
| 變爻 | 上爻 | 中爻 | 下爻 | 中爻 | 上爻 | 中爻 | 下爻 | 中爻 |
| 原卦: | ☴ | ☵ | ☶ | ☲ | ☷ | ☴ | ☳ | ☲ |
| 생기복덕 | 생기 | 천의 | 절체 | 유혼 | 화해 | 복덕 | 절명 | 귀혼 |

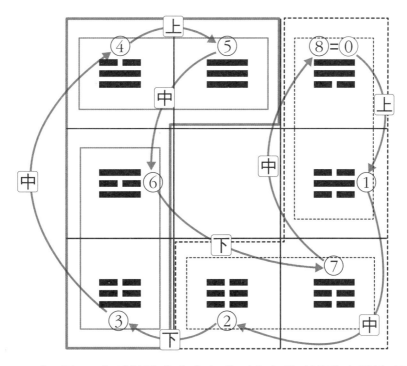

[그림147] 선천팔괘에서 손괘로부터 생기복덕의 생성과정

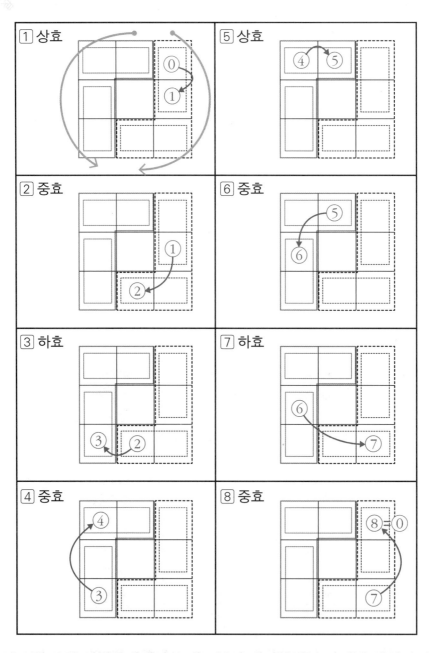

[그림148] 선천팔괘에서 손괘로부터 생기복덕의 단계별 생성과정

여섯째로 감괘로부터 도출되는 생기복덕 팔괘의 생성과정을 [표34]와 [그림149], [그림150]에 도시하였다.

### [표34] 감괘로부터 도출된 생기복덕 팔괘

| 순서 | ① | ② | ③ | ④ | ⑤ | ⑥ | ⑦ | ⑧ |
|---|---|---|---|---|---|---|---|---|
| 變爻 | 上爻 | 中爻 | 下爻 | 中爻 | 上爻 | 中爻 | 下爻 | 中爻 |
| 原卦: ☵ | ☴ | ☶ | ☲ | ☰ | ☱ | ☳ | ☷ | ☷ |
| 생기복덕 | 생기 | 천의 | 절체 | 유혼 | 화해 | 복덕 | 절명 | 귀혼 |

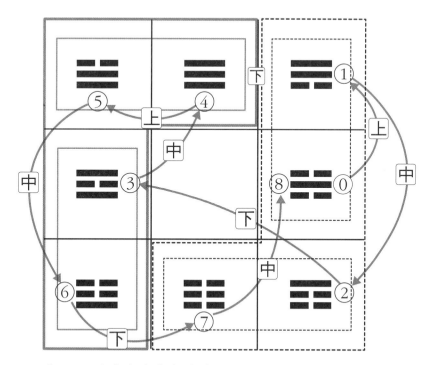

[그림149] 선천팔괘에서 감괘로부터 생기복덕의 생성과정

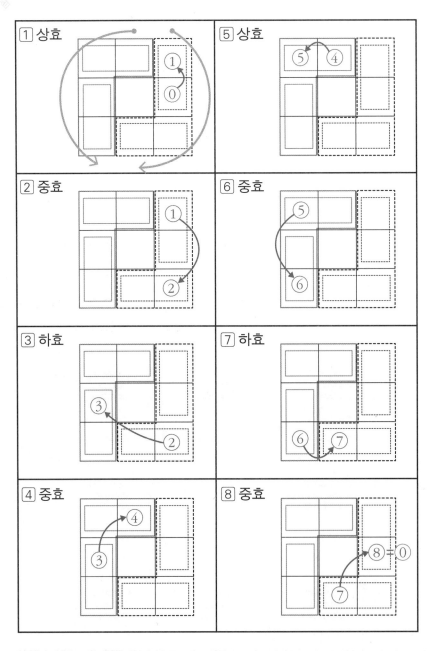

[그림150] 선천팔괘에서 감괘로부터 생기복덕의 단계별 생성과정

일곱째로 간괘로부터 도출되는 생기복덕 팔괘의 생성과정을 [표35]와 [그림151], [그림152]에 도시하였다.

### [표35] 간괘로부터 도출된 생기복덕 팔괘

| 순서 | ① | ② | ③ | ④ | ⑤ | ⑥ | ⑦ | ⑧ |
|---|---|---|---|---|---|---|---|---|
| 變爻 | 上爻 | 中爻 | 下爻 | 中爻 | 上爻 | 中爻 | 下爻 | 中爻 |
| 原卦:☶ | ☷ | ☵ | ☳ | ☴ | ☶ | ☰ | ☲ | ☶ |
| 생기복덕 | 생기 | 천의 | 절체 | 유혼 | 화해 | 복덕 | 절명 | 귀혼 |

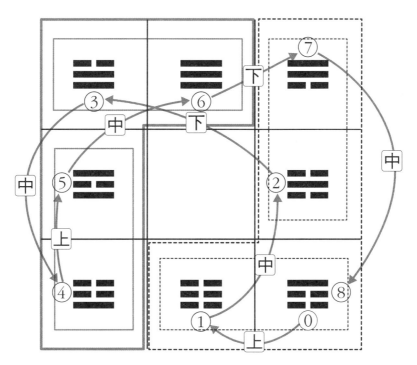

[그림151] 선천팔괘에서 간괘로부터 생기복덕의 생성과정

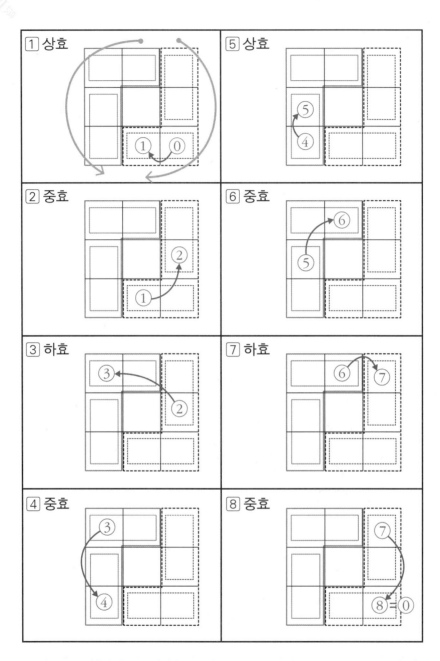

[그림152] 선천팔괘에서 간괘로부터 생기복덕의 단계별 생성과정

여덟째로 곤괘로부터 도출되는 생기복덕 팔괘의 생성과정을 [표36]과 [그림153], [그림154]에 도시하였다.

### [표36] 곤괘로부터 도출된 생기복덕 팔괘

| 순서 | ① | ② | ③ | ④ | ⑤ | ⑥ | ⑦ | ⑧ |
|---|---|---|---|---|---|---|---|---|
| 變爻 | 上爻 | 中爻 | 下爻 | 中爻 | 上爻 | 中爻 | 下爻 | 中爻 |
| 原卦: ☷ | ☷ | ☶ | ☵ | ☳ | ☲ | ☴ | ☶ | ☷ |
| 생기복덕 | 생기 | 천의 | 절체 | 유혼 | 화해 | 복덕 | 절명 | 귀혼 |

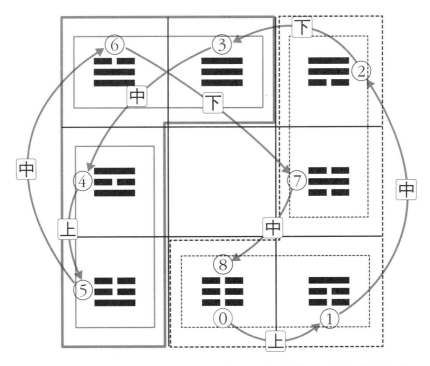

[그림153] 선천팔괘에서 곤괘로부터 생기복덕의 생성과정

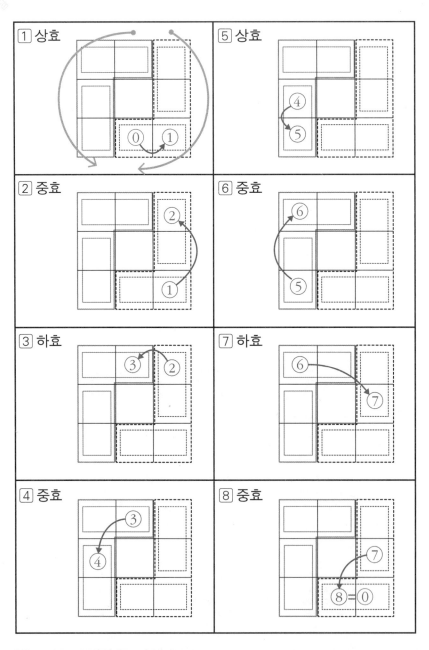

[그림154] 선천팔괘에서 곤괘로부터 생기복덕의 단계별 생성과정

더 알기

# 기문둔갑에서 중궁 지반 육의삼기의 출궁방향

양둔에서는 지반육의삼기(地盤六儀三奇)가 낙서순행운동으로 포국된다. 음둔에서는 지반육의삼기가 낙서역행운동으로 포국된다. 중궁에 위치한 지반육의삼기가 시간(時干)이나 시(時)의 순수(旬首)인 경우에, 천반육의삼기를 포국하기 위해서는 중궁에 위치한 지반육의삼기가 간궁이나 곤궁으로 이동해야 된다.

양둔일 때 중궁의 지반육의삼기는 곤궁으로 이동한다. 왜냐하면, 방원구조로 이루어진 낙서에서 중궁의 土[5]는 지도(地道)가 되기 때문이다. 따라서 양둔일 때 중궁의 土[5]는 지도의 시작점인 2가 위치한 곤궁으로 이동한다. 양둔과 같은 원리에 입각하여 음둔에서 중궁의 지반육의삼기는 간궁으로 이동한다.

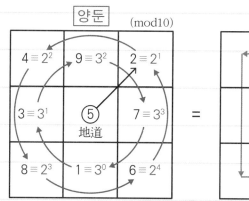

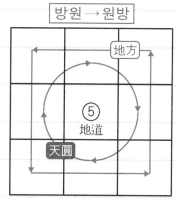

[양둔에서 낙서순행운동으로 배치된 지반육의삼기]

# 5장 납갑의 설계원리

납갑(納甲)은 10개의 천간(天干)을 팔괘에 배속시키는 규칙을 일컫는다. 천간과 팔괘의 대응에서 중요한 점은 포함관계이다. 천간은 시간표시기호체계이고 팔괘는 공간표상기호체계이다. 앞의 [그림6]처럼 공간인 궁에 시간의 흐름을 표시한 〈오행, 숫자, 천간〉 등의 성(星)이 들어가는 것이므로, 팔괘는 천간보다 더 큰 범주가 된다. 따라서 팔괘는 천간을 포함하나, 역으로 천간은 팔괘를 포함할 수 없다. 다시 말해서, 천간을 팔괘에 배속시키는 것은 가능하나 팔괘를 천간에 배속시키는 것은 불가능하다.

납갑이 설계된 원리는 시간의 흐름을 표시한 천간성(天干星)이 공간인 팔괘궁(八卦宮)에 들어가서 운용되는 원칙으로부터 도출된다. 따라서 팔괘의 체(體)인 선천팔괘의 설계원리에 입각하여 천간이 배속된다. 즉, 선천팔괘가 생성되고 배치된 원리에 부합되도록 납갑이 설계된다.

설명의 편의상 [그림155]에 납갑의 설계원리를 압축하여 제시하였다. 방원구조의 형틀 안에서 적용된 양승음강과 오른손 법칙에 부합되도록 다음처럼 천간이 선천팔괘궁에 배속된다.

첫 번째는 방원 구조에서 발생한 선천팔괘의 양의(兩儀)에 맞추어, 천간이 양의(陽儀)와 음의(陰儀)에 5개씩 나누어져 오행별 음양교대대칭으로 배속되었다.

두 번째는 양승음강으로 배치된 선천팔괘에 부합되도록 천간의 순서를 배속하였다. [그림156]처럼 선천팔괘가 배치된 순서에서 첫 번째인 건괘에 천간의 처음인 甲을 대응시키고서, 선천팔괘의 순서를 따라서 오행의 순서로 천간을 배속하였다. 또한 선천팔괘의 순서에서 마지막인 여덟 번째 곤괘에 천간의 마지막인 癸를 배속시켰다. 이런 배속 과정에서 천간의 음양은 배속되는 선천

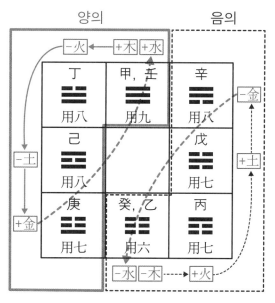

[그림155] 납갑의 설계원리

팔괘가 갖는 숫자의 음양을 따랐다. 예컨대 태괘[☱]는 숫자괘로 8이므로 음괘이다. 따라서 火에 해당하는 천간 중에서 음인 丁이 배속되었다. 또한 진괘[☳]는 숫자괘로 7이므로 양괘이다. 따라서 金에 해당하는 천간 중에서 양인 庚이 배속되었다. [그림155]에서는 숫자괘를 표시할 때, '用'을 접두어로 사용

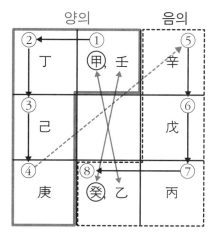

[그림156] 납갑에서 음양교대대칭

하여 〈用九 · 用八 · 用七 · 用六〉으로 지칭하였다.

세 번째는 태극형상수 5의 절반인 2.5에 대한 교대대칭으로 마주보는 궁에 배치된 선천팔괘에 부합하도록 천간도 마주보는 궁에는 같은 오행이 배치되었다. 또한 [그림155]와 [그림156]처럼 선천팔괘의 순서에서 처음인 건괘에 배속된 甲이 마주보는 궁인 곤괘에 乙이 배속된다. 또한 선천팔괘의 순서에서 마지막인 곤괘에 배속된 癸가 마주보는 궁인 건괘에 壬이 배속된다. 따라서 건괘와 곤괘에는 다른 괘와 다르게 2개의 천간이 배속된다. 이것은 『주역』「설괘전」의 "乾은 하늘이다. 고로 아버지라 부른다. 坤은 땅이다. 고로 어머니라 부른다(乾, 天也. 故稱乎父. 坤, 地也. 故稱乎母)."처럼 乾坤을 부모괘(父母卦)로 삼는 원칙에도 부합된다. 납갑법의 창시자라고 추정되는 중국 전한(前漢)의 경방(京房, 기원전 77년~기원전 37년)도 『경씨역전(京氏易傳)』에서 다음의 구절처럼 서술하여 건괘와 곤괘에는 2개의 천간이 배속된다고 주장하였다.

"天地를 乾坤의 괘[象]로 나누고서 그 괘에 甲乙壬癸을 더한다. 震巽의 괘는 庚辛을 짝짓고, 坎離의 괘는 戊己를 짝짓고, 艮兌의 괘는 丙丁을 짝짓는다."

"分天地乾坤之象, 益之以甲乙壬癸 , 震巽之象配庚辛 , 坎離之象配戊己 , 艮兌之象配丙丁."

지금까지 살펴본 납갑은 술수에서 다음처럼 사용된다.

점학(占學)의 일종인 육효(六爻)에서 납갑은 중추적인 역할을 한다. 육효와 유사한 학술체계를 갖는 하락이수(河洛理數), 대정수(大定數), 철판신수(鐵板神數) 등에도 쓰인다. 하락이수에서는 사람의 출생 연월일시(年月日時)의 간지를 산출한 연후에 납갑으로 천간의 후천팔괘수(後天八卦數)를 구한다. 대정수는 사람의 출생 연월일시 또는 점을 치는 순간의 연월일시의 간지를 선천수(先天數)와 후천수(後天數)로 바꾸어 괘를 얻은 후에 납갑을 사용한다. 철판신수에서는 출생 연월일시의 천간을 납갑을 사용하여 후천팔괘로 치환한다.

육효와 유사한 체계를 갖는 이외의 상수역학에서도 납갑은 중추적인 원리로서 빈번하게 사용된다. 특히 사주명리학과 쌍벽을 이루는 명학(命學)인 자미두수에서는 근본적인 구성요소로 참여하고 있다. 자미두수에서 선천적인 부귀(富貴)에 영향을 주고, 후천적인 운을 추론하는 사화(四化)는 납갑으로부터 도출된 것이다.

마지막으로 수학의 함수(函數, function)를 사용하여 납갑을 표현한다.

먼저 [그림157]처럼 팔괘를 정의역(定義域)으로, 천간을 공역(共域)으로 설정한다고 가정한다. 건괘는 甲과 壬으로 나누어서 대응되어, 〈1대多〉가 되므로 함수가 되지 못한다.

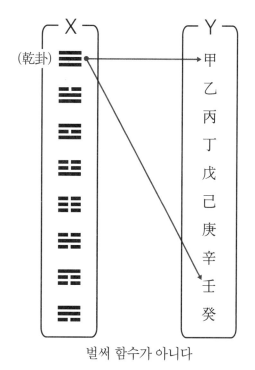

벌써 함수가 아니다

[그림157] 팔괘에서 천간으로의 대응

두 번째로 [그림158]처럼 천간을 정의역으로, 팔괘를 공역으로 설정한다고 가정한다. 甲과 壬은 건괘로 대응되고, 乙과 癸는 곤괘로 대응된다. 이런 대응은 〈多대1〉이 되므로, 함수가 된다. 나머지 천간과 팔괘는 모두 〈1대1〉 대응이므로, 함수가 된다. 결과적으로 납갑은 정의역이 천간이고 공역은 팔괘가 되는 함수이다.

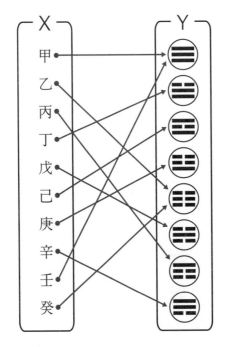

[그림158] 천간에서 팔괘로의 대응

# 더 알기

## 납갑과 납지의 결합

### 〈경방식 납갑과 납지의 결합〉

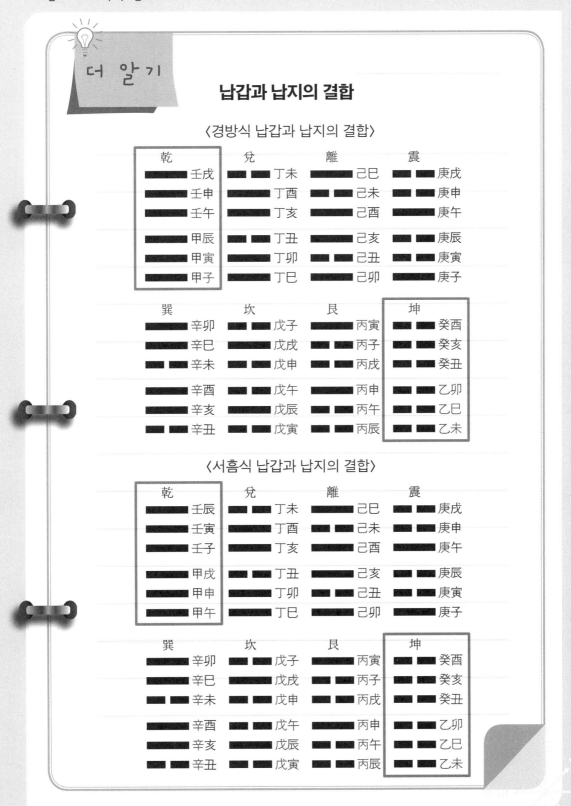

| 乾 | 兌 | 離 | 震 |
|---|---|---|---|
| 壬戌 | 丁未 | 己巳 | 庚戌 |
| 壬申 | 丁酉 | 己未 | 庚申 |
| 壬午 | 丁亥 | 己酉 | 庚午 |
| 甲辰 | 丁丑 | 己亥 | 庚辰 |
| 甲寅 | 丁卯 | 己丑 | 庚寅 |
| 甲子 | 丁巳 | 己卯 | 庚子 |

| 巽 | 坎 | 艮 | 坤 |
|---|---|---|---|
| 辛卯 | 戊子 | 丙寅 | 癸酉 |
| 辛巳 | 戊戌 | 丙子 | 癸亥 |
| 辛未 | 戊申 | 丙戌 | 癸丑 |
| 辛酉 | 戊午 | 丙申 | 乙卯 |
| 辛亥 | 戊辰 | 丙午 | 乙巳 |
| 辛丑 | 戊寅 | 丙辰 | 乙未 |

### 〈서흠식 납갑과 납지의 결합〉

| 乾 | 兌 | 離 | 震 |
|---|---|---|---|
| 壬辰 | 丁未 | 己巳 | 庚戌 |
| 壬寅 | 丁酉 | 己未 | 庚申 |
| 壬子 | 丁亥 | 己酉 | 庚午 |
| 甲戌 | 丁丑 | 己亥 | 庚辰 |
| 甲申 | 丁卯 | 己丑 | 庚寅 |
| 甲午 | 丁巳 | 己卯 | 庚子 |

| 巽 | 坎 | 艮 | 坤 |
|---|---|---|---|
| 辛卯 | 戊子 | 丙寅 | 癸酉 |
| 辛巳 | 戊戌 | 丙子 | 癸亥 |
| 辛未 | 戊申 | 丙戌 | 癸丑 |
| 辛酉 | 戊午 | 丙申 | 乙卯 |
| 辛亥 | 戊辰 | 丙午 | 乙巳 |
| 辛丑 | 戊寅 | 丙辰 | 乙未 |

# 6장 납지의 설계원리

납지(納地)는 12개의 지지(地支)를 팔괘와 각 괘의 효(爻)에 대응시키는 규칙을 일컫는다. 십이지지(十二地支)를 팔괘에 대응시키는 방법은, 십이지지와 팔괘의 설계원리로부터 도출된다. 십이지지는 시간표시기호체계이고 팔괘는 공간표상기호체계이다. 앞의 [그림6]처럼 공간 안에 시간이 포함되므로, 팔괘는 십이지지보다 더 큰 범주가 된다. 괘는 삼천양지를 효로 사용하여 공간의 상태를 표시한 것이고, 십이지지는 낙서의 회전관성으로 도출된 숫자로 이루어진 시간표시기호체계의 좌표계이다(『하도낙서의 과학적 탐구』〈제2부 하도낙서의 과학적 해석→9장 하도낙서에서 파생된 60갑자〉를 참조). 따라서 삼천양지 중에서 하나의 숫자가 되는 효와 역시 하나의 숫자인 지지를 일대일로 대응시키면, 물리적인 단위가 일치하게 된다. 또한 양괘를 형성하는 효에는 십이지지 중에서 순서상 홀수 번째인 지지를 대응시키고 음괘를 형성하는 효에는 십이지지 중에서 순서상 짝수 번째인 지지를 대응시킨다.

위에서 탐구한 십이지지와 팔괘의 설계원리로부터 도출된 납지의 설계원리를 [그림159]에 압축하여 제시하였다. 납갑은 하늘과 대응된 천간을 팔괘에 배속시키는 것이므로, 〈상효→중효→하효〉의 순서와 천간의 순서를 대응시켰다. 이에 반하여 납지는 땅과 대응된 지지를 팔괘에 대응시키는 것이므로, [그림160]처럼 〈하효[초효]→중효→상효〉의 순서와 지지의 순서를 대응시킨다. 양괘 중에서 초효만 양효인 진괘의 초효는 십이지지 중에서 첫 번째인 子에 대응되고, 양괘 중에서 중효만 양효인 감괘의 중효는 십이지지 중에서 세 번째인 寅에 대응된다. 또한 양괘 중에서 상효만 양효인 간괘의 상효는 십이지지 중에서 다섯 번째인 辰에 대응된다. 음괘 중에서 초효만 음효인 손괘의 초효는 십이지지 중에서 두 번째인 丑에 대응되고, 음괘 중에서 중효만 음효인 이괘의

중효는 십이지지 중에서 네 번째인 卯에 대응된다. 또한 음괘 중에서 상효만
음효인 태괘의 상효는 십이지지 중에서 여섯 번째인 巳에 대응된다.

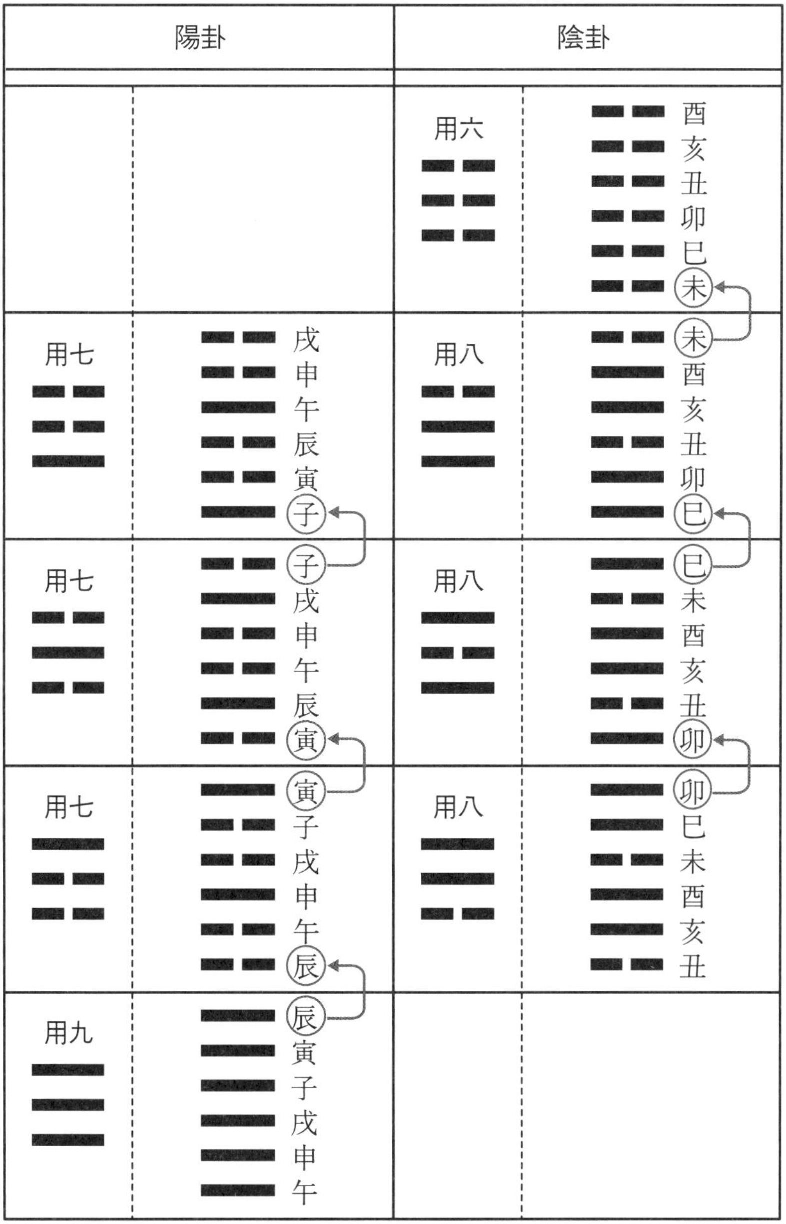

| 陽卦 | | 陰卦 | |
|---|---|---|---|
| | | 用六 | 酉亥丑卯巳未 |
| 用七 | 戊申午辰寅子 | 用八 | 未酉亥丑卯巳 |
| 用七 | 子戊申午辰寅 | 用八 | 巳未酉亥丑卯 |
| 用七 | 寅子戊申午辰 | 用八 | 卯巳未酉亥丑 |
| 用九 | 辰寅子戊申午 | | |

[그림159] 납지의 설계원리

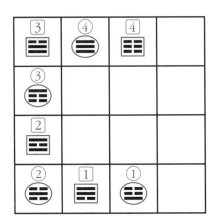

[그림160] 하효→중효→상효의 순서인 납지

[그림159]를 간결하게 표시하면, [그림161]이 된다. [그림159]와 [그림161]처럼 양괘와 음괘의 배합괘 관계는 납지에서는 각 괘의 초효가 십이지지의 홀수 번째 지지와 바로 다음에 위치한 짝수 번째 지지의 집합으로 치환된다. 예컨대 진괘[☳]와 손괘[☴]는 배합괘 관계인데, 진괘의 초효는 子에 대응되고 손괘의 초효는 丑에 대응된다. 또한 감괘[☵]와 이괘[☲]는 배합괘 관계인데, 감괘의 초효는 寅에 대응되고 이괘의 초효는 卯에 대응된다. 따라서 [그림160]에서 〈①과 ①, ②와 ②, ③과 ③, ④와 ④〉는 배합괘 관계이고, 각 괘에서 초효의 납지는 그 괘가 위치한 궁의 지지가 된다.

[그림160]처럼 〈초효→중효→상효〉의 순서로 양효가 존재하는 양괘와 음효가 존재하는 음괘는 모두 동일하게 시계방향으로 초효에 지지를 대응시킨다. 따라서 하나의 괘 안에서 〈1효→2효→3효→4효→5효→6효〉에 지지를 대응시킬 때는 양괘와 음괘가 반대의 방향으로 설정된다. 왜냐하면, 〈천도좌선 지도우전〉이나 〈양승음강〉처럼 양과 음은 운동방향이 반대가 되기 때문이다. [그림162]처럼 양괘의 내부에서는 십이지지의 순행으로 납지가 설정되고, 음괘의 내부에서는 십이지지의 역행으로 납지가 설정된다. 또한 이런 납지의 방식은 양승음강에도 부합된다.

납지는 본디 〈초효→중효→상효〉의 순서로 양효가 1개 존재하는 양괘와 음효가 1개 존재하는 음괘에 해당하는 것이다. 따라서 用七인 〈진괘[☳]→감괘

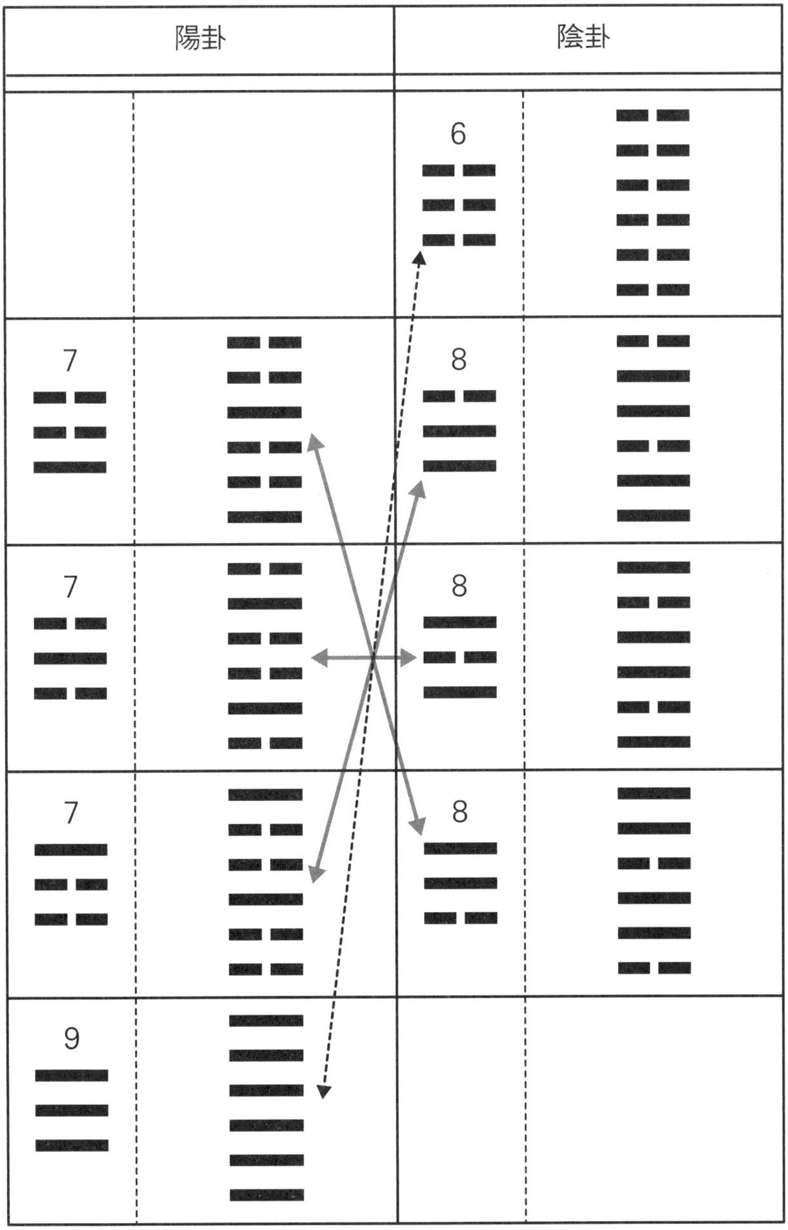

[그림161] 납지에서 배합괘 배치

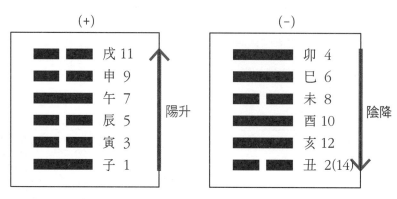

[그림162] 양괘와 음괘 안에서 납지 순역

[☷☷]→간괘[☶☶]〉와 用八인 〈손괘[☴☴]→이괘[☲☲]→태괘[☱☱]〉가 납지에서 핵심이다. 만약에 양괘 중에서 부모괘인 건괘가 납지 과정 중에서 처음에 위치하면, 〈건괘[☰☰]→진괘[☳☳]→감괘[☵☵]→간괘[☶☶]〉에 〈초효→초효→중효→상효〉의 지지를 대응시키는 것이므로 규칙성이 무너진다. 따라서 양괘의 납지 과정은 〈진괘[☳☳]→감괘[☵☵]→간괘[☶☶]→건괘[☰☰]〉가 된다. 같은 방식으로 음괘의 납지 과정은 〈손괘[☴☴]→이괘[☲☲]→태괘[☱☱]→곤괘[☷☷]〉가 된다. 이런 양괘와 음괘의 납지 과정은 [그림163]처럼 선천팔괘에서 건괘와 곤괘를 교환하면, 양괘와 음괘가 모두 십이지지처럼 시계방향으로 납지를 하는 것을 확인할 수 있다.

　위에서 살펴본 것처럼, 양괘의 납지 과정이 〈진괘[☳☳]→감괘[☵☵]→간괘[☶☶]→건괘[☰☰]〉가 되므로 건괘의 납지는 [그림159]의 用九와 [그림164]의 오른쪽이 된다. 경방은 『경씨역전』에서 "망종인 五월의 절기는 午에 위치하는데, 用九인 건궁의 네 번째가 된다(芒種五月節在午, 乾宮九四)."라고 해석하였다. 경방의 견해는 [그림164]의 왼쪽이 된다. 경방의 납지에 대한 견해는 24절기 중에서 동지(冬至)인 子月부터 양둔이 시작함을 반영하여 천둔(天遁)을 표시한 건괘의 초효에 子을 대응시킨 것이고, 서흠의 견해는 양괘와 음괘의 음양교대대칭에 입각한 전체적인 균형에 초점을 둔 것이다. 다시 말해서, 경

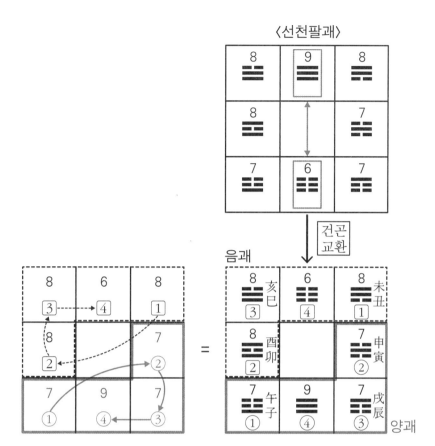

[그림163] 건곤교환으로 모인 양괘와 음괘

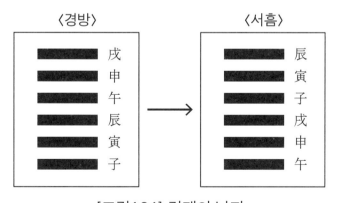

[그림164] 건괘의 납지

방은 괘기역학(卦氣易學)의 관점에서 건괘의 납지를 설정한 것이고, 서흠은 괘수역학(卦數易學)의 관점에서 건괘의 납지를 설정한 것이다. 괘기역학은 괘를 기후와 배합시키는 역학이고, 괘수역학은 괘를 홀수와 짝수의 조합으로 해석하여 수학적인 원리로 괘를 다루는 역학이다.

마지막으로 각 괘에서 〈1효→2효→3효→4효→5효→6효〉의 납지는 양괘에서는 십이지지의 순서를 따르고, 음괘에서는 십이지지의 순서를 역행한다. 이를 십이지지궁에 각 효를 배치하는 그림으로 시각화시켰다.

[그림165]는 양괘인 진괘가 상괘(上卦)와 하괘(下卦)에 중복된 중뢰진(重雷震)괘로 초효가 양효인 진괘의 납지를 시각화시켰다.

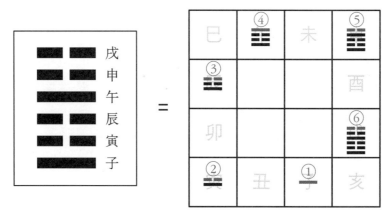

[그림165] 십이지지궁에서 좌선인 진괘의 납지

[그림166]은 양괘인 감괘가 상괘와 하괘에 중복된 중수감(重水坎)괘로 중효가 양효인 감괘의 납지를 시각화시켰다.

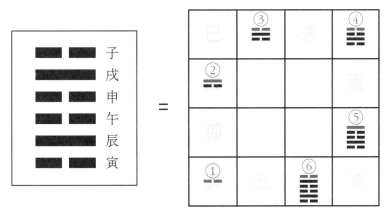

[그림166] 십이지지궁에서 좌선인 감괘의 납지

[그림167]은 양괘인 간괘가 상괘와 하괘에 중복된 중산간(重山艮)괘로 상효가 양효인 간괘의 납지를 시각화시켰다.

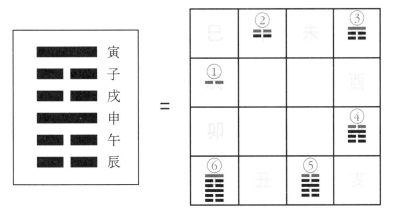

[그림167] 십이지지궁에서 좌선인 간괘의 납지

[그림168]은 양괘인 건괘가 상괘와 하괘에 중복된 중천건(重天乾)괘로 모든 효가 양효인 건괘의 납지를 시각화시켰다.

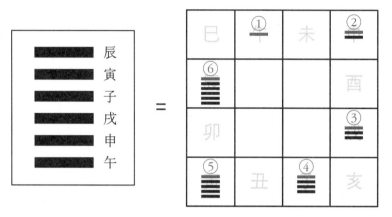

[그림168] 십이지지궁에서 좌선인 건괘의 납지

[그림169]는 음괘인 손괘가 상괘와 하괘에 중복된 중풍손(重風巽)괘로 초효가 음효인 손괘의 납지를 시각화시켰다.

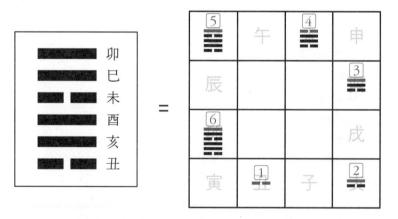

[그림169] 십이지지궁에서 우전인 손괘의 납지

[그림170]은 음괘인 이괘가 상괘와 하괘에 중복된 중화리(重火離)괘로 중효가
음효인 이괘의 납지를 시각화시켰다.

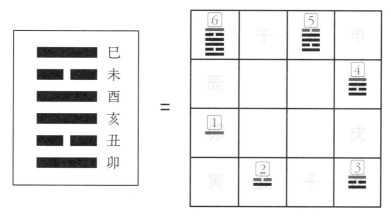

[그림170] 십이지지궁에서 우전인 이괘의 납지

[그림171]은 음괘인 태괘가 상괘와 하괘에 중복된 중택태(重澤兌)괘로 상효가
음효인 태괘의 납지를 시각화시켰다.

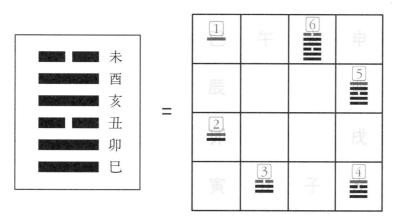

[그림171] 십이지지궁에서 우전인 태괘의 납지

[그림172]는 음괘인 곤괘가 상괘와 하괘에 중복된 중지곤(重地坤)괘로 모든 효가 음효인 곤괘의 납지를 시각화시켰다.

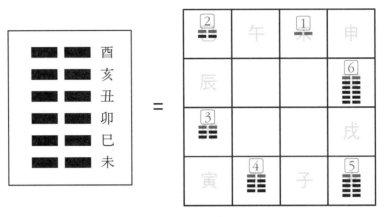

[그림172] 십이지지궁에서 우전인 곤괘의 납지

## 더 알기

# 시간대칭 관계로 짜인 홍국수의 정위반

　우리나라 기문둔갑인 홍연기(洪煙奇)에서 홍국수(洪局數)는 지반(地盤)과 천반(天盤)의 2층 구조로 배치되어 있다. 지반의 정위반(正位盤)은 낙서와 동일하고, 천반의 정위반(正位盤)은 낙서와 시간대칭인 낙서역행운동으로 포국된 것이다. 따라서 구궁의 각 궁에 위치한 지반 홍국수와 천반 홍국수는 합이 10이 되는 시간대칭 관계가 된다. 시간대칭은 에너지대칭이며, 태극형상수 5에 대한 교대대칭이다.

〈홍국수의 정위반은 시간대칭이다〉

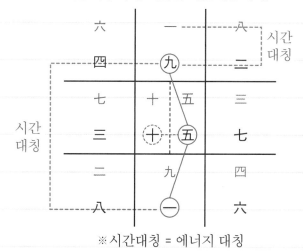

※시간대칭 = 에너지 대칭

　현대 물리학의 출발점은 대칭성이다. 시간과 공간이 대칭인 상태에서만 에너지가 안정적일 수 있기 때문이다. 대칭이 존재할 때 비로소 안정적인 상태가 되고, 대칭이 깨질 때 불안정한 상태로 전이된다. 따라서 먼저 절대적인 안정상태 즉, 대칭이 설정된 후에 비로소 대칭이 깨진 변화의 양상에 대한 이해를 도모할 수 있다. 따라서 시공간을 표시한 기호체계의 정위반 즉, 대칭인 상태를 설정하는 것은 역학연구의 출발점이 된다.

# 7장 선천육십사괘의 설계원리

선천육십사괘(先天六十四卦)는 '복희육십사괘(伏羲六十四卦)'로 일컬어지기도 한다. 중국 북송(北宋) 시대의 학자인 소옹(邵雍)은 선천육십사괘를 『황극경세(皇極經世)』「관물외편(觀物外篇)」연의권삼(衍義卷三)에 나오는 다음의 구절에서 소개하였다.

"1이 변하여 2가 되고, 2가 변하여 4가 되고, 3이 변하여 팔괘가 이루어진다. 4가 변하여 16이 되고, 5가 변하여 32가 되고, 6이 변하여 64괘가 갖추어진다."

"一變而二, 二變而四, 三變而八卦成矣. 四變而十有六, 五變而三十有二, 六變而六十四卦備矣."

소옹은 팔괘를 만든 복희(伏羲)의 뜻을 복원했다고 생각해서, 선천육십사괘를 복희육십사괘로 지칭하였다. 또한 남송(南宋) 시대의 주희(朱熹)는 『역학계몽(易學啓蒙)』「원괘획(原卦畫)」에서 『주역』「계사전」의 "이런 까닭으로 역(易)은 태극을 가지고, 이것[태극]이 양의를 낳고, 양의가 사상을 낳고, 사상은 팔괘를 낳는다(是故易有太極 是生兩儀 兩儀生四象 四象生八卦 八卦定吉凶 吉凶生大業)"를 사용하여 선천육십사괘의 생성과정을 설명하였다. 다시 말해서, 주희는 삼천양지인 양효와 음효가 밑이 되는 2의 멱함수꼴로 괘의 개수가 증가한다고 설명하였다. 이것을 수식으로 표현하면, $\langle 2^0$[태극]$\rightarrow 2^1$[양의, 1효]$\rightarrow 2^2$[사상, 2효]$\rightarrow 2^3$[팔괘, 3효]$\rightarrow 2^4$[16괘, 4효]$\rightarrow 2^5$[32괘, 5효]$\rightarrow 2^6$[64괘, 6효]$\rightarrow \cdots\cdots \rightarrow 2^n$[n효]$\rangle$가 된다.

이러한 괘의 증가과정을 북송의 명도(明道) 정호(程顥, 1032년~1085년)는

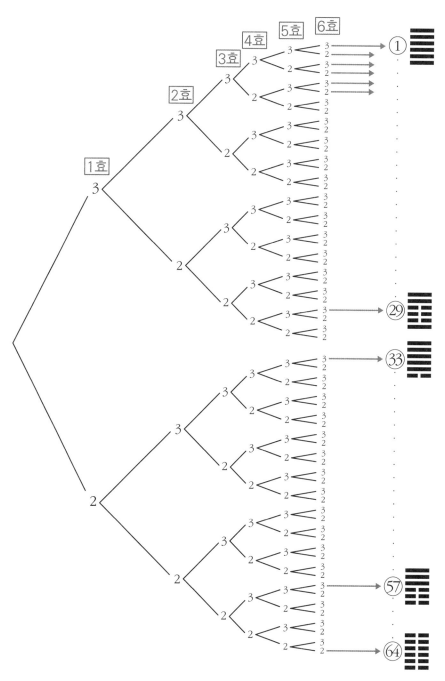

[그림173] 방원 구조에 입각한 선천64괘의 생성

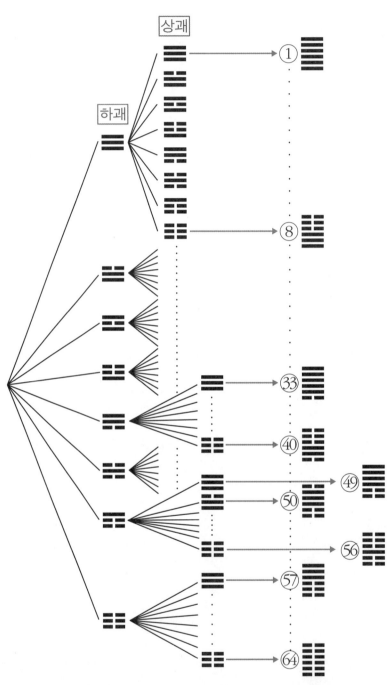

[그림174] 하괘와 상괘의 조합으로 표시된 선천64괘

'가일배법(加一倍法)'이라 지칭하였다.

가일배법에서 중요한 전제(前提)조건은, 선천팔괘에서 탐구한 것처럼 방원 구조에 부합되도록 〈1효→2효→3효→4효→5효→6효→……→n효〉의 올림차순으로 효가 축적되면서 괘의 개수가 증가한다는 점이다. 선천팔괘의 각 괘를 그릴 때 〈상효[天]→중효[人]→초효[地]〉로 그리지 않고, 〈초효[地]→중효[人]→상효[天]〉로 그린다. 따라서 선천육십사괘도 방원 구조에 입각하여 [그림173]처럼 〈$2^0$[태극]→$2^1$[양의, 1효]→$2^2$[사상, 2효]→$2^3$[팔괘, 3효]→$2^4$[16괘, 4효]→$2^5$[32괘, 5효]→$2^6$[64괘, 6효]〉의 방식으로 생성된다.

[그림173]은 [그림174]처럼 〈1효+2효+3효〉로 구성된 하괘(下卦)와 〈4효+5효+6효〉로 구성된 상괘(上卦)가 결합된 64괘로 치환된다.

위의 [그림173]과 [그림174]에서 〈①, ②, ③, ……, ㉓, ㉔〉로 표시된 선천육십사괘를 방원 구조에 입각하여 〈1효→2효→3효→4효→5효→6효→……→n효〉의 올림차순으로 양승음강과 오른손 법칙을 적용시켜서 배치하면, [표37]과 [그림175]가 된다.

## [표37] 선천64괘의 순서와 이름

| 순서 | 괘 | 괘의 이름 | 순서 | 괘 | 괘의 이름 |
|---|---|---|---|---|---|
| 1 | ䷀ | 중천건(重天乾) | 33 | ䷫ | 천풍구(天風姤) |
| 2 | ䷪ | 택천쾌(澤天夬) | 34 | ䷛ | 택풍대과(澤風大過) |
| 3 | ䷍ | 화천대유(火天大有) | 35 | ䷱ | 화풍정(火風鼎) |
| 4 | ䷡ | 뇌천대장(雷天大壯) | 36 | ䷟ | 뇌풍항(雷風恒) |
| 5 | ䷈ | 풍천소축(風天小畜) | 37 | ䷸ | 중풍손(重風巽) |
| 6 | ䷄ | 수천수(水天需) | 38 | ䷯ | 수풍정(水風井) |
| 7 | ䷙ | 산천대축(山天大畜) | 39 | ䷑ | 산풍고(山風蠱) |

| 8 | ䷊ | 지천태(地天泰) | 40 | ䷭ | 지풍승(地風升) |
|---|---|---|---|---|---|
| 9 | ䷉ | 천택리(天澤履) | 41 | ䷅ | 천수송(天水訟) |
| 10 | ䷹ | 중택태(重澤兌) | 42 | ䷮ | 택수곤(澤水困) |
| 11 | ䷥ | 화택규(火澤睽) | 43 | ䷾ | 화수미제(火水未濟) |
| 12 | ䷵ | 뇌택귀매(雷澤歸妹) | 44 | ䷧ | 뇌수해(雷水解) |
| 13 | ䷼ | 풍택중부(風澤中孚) | 45 | ䷺ | 풍수환(風水渙) |
| 14 | ䷻ | 수택절(水澤節) | 46 | ䷜ | 중수감(重水坎) |
| 15 | ䷨ | 산택손(山澤損) | 47 | ䷃ | 산수몽(山水蒙) |
| 16 | ䷒ | 지택림(地澤臨) | 48 | ䷆ | 지수사(地水師) |
| 17 | ䷌ | 천화동인(天火同人) | 49 | ䷠ | 천산둔(天山遯) |
| 18 | ䷰ | 택화혁(澤火革) | 50 | ䷞ | 택산함(澤山咸) |
| 19 | ䷝ | 중화리(重火離) | 51 | ䷷ | 화산려(火山旅) |
| 20 | ䷶ | 뇌화풍(雷火豊) | 52 | ䷽ | 뇌산소과(雷山小過) |
| 21 | ䷤ | 풍화가인(風火家人) | 53 | ䷴ | 풍산점(風山漸) |
| 22 | ䷾ | 수화기제(水火旣濟) | 54 | ䷦ | 수산건(水山蹇) |
| 23 | ䷕ | 산화비(山火賁) | 55 | ䷳ | 중산간(重山艮) |
| 24 | ䷣ | 지화명이(地火明夷) | 56 | ䷎ | 지산겸(地山謙) |
| 25 | ䷘ | 천뢰무망(天雷无妄) | 57 | ䷋ | 천지비(天地否) |
| 26 | ䷐ | 택뢰수(澤雷隨) | 58 | ䷬ | 택지췌(澤地萃) |
| 27 | ䷔ | 화뢰서합(火雷噬嗑) | 59 | ䷢ | 화지진(火地晉) |

| 28 | | 중뢰진(重雷震) | 60 | | 뇌지예(雷地豫) |
|----|---|----|---|---|---|
| 29 | | 풍뢰익(風雷益) | 61 | | 풍지관(風地觀) |
| 30 | | 수뢰준(水雷屯) | 62 | | 수지비(水地比) |
| 31 | | 산뢰이(山雷頤) | 63 | | 산지박(山地剝) |
| 32 | | 지뢰복(地雷復) | 64 | | 중지곤(重地坤) |

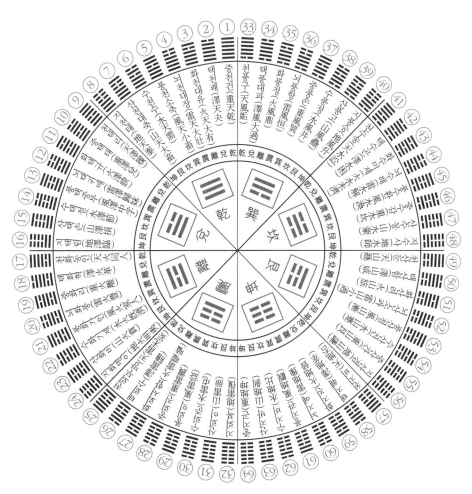

[그림175] 양승음강과 오른손 법칙으로 배치된 선천64괘

[그림175]의 선천육십사괘를 구궁과 구궁의 각 궁을 다시 구궁으로 재분할한 입중포국으로 표시하면, [그림176]과 [그림177]이 된다. 선천육십사괘는 방원 구조에 입각하여 배치되었기 때문에, 방(方)인 하괘가 원(圓)인 상괘를 포함한다. 다시 말해서, 선천육십사괘는 1개의 하괘에 8개의 상괘가 포함된 구조이다. 이런 구조를 [그림176]에서는 하괘가 큰 단위의 구궁에 배치되고, 이

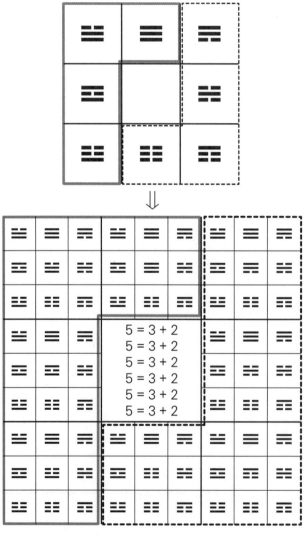

[그림176] 선천64괘의 구궁 표시

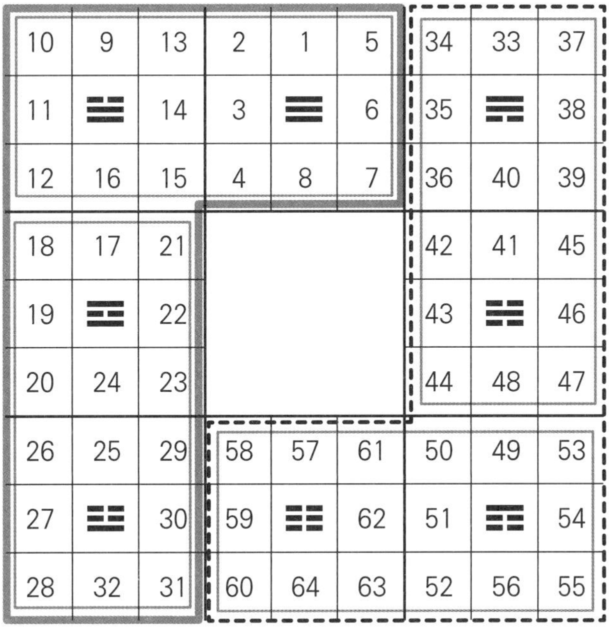

[그림177] 구궁에 표시된 선천64괘의 순서

런 구궁의 각 궁이 분할된 하위단위의 구궁에 상괘가 배치된다. [그림175]에서 〈①, ②, ③, ……, ⑥③, ⑥④〉로 표시된 선천육십사괘에 대응된 궁을 [그림177]에 동일한 숫자로 표시하였다.

[그림176]과 [그림177]처럼 방원 구조에 입각한 양승음강과 오른손 법칙으로 구궁에 배치된 선천64괘는, [그림178]과 [그림179]처럼 선천팔괘의 프랙탈로 생성된 것이다. [그림178]처럼 먼저 8개의 하괘가 큰 단위인 구궁에서 S자의 배치 형태를 띠고, 두 번째로 각 궁이 다시 분할된 구궁에도 8개의 상괘가 S자의 배치 형태를 띤다.

팔괘를 다룰 때 선천팔괘가 근본몸체가 되고 후천팔괘나 생기복덕 팔괘가 활용이 되는 것처럼, 육십사괘에서도 선천육십사괘는 근본몸체가 되고 경방 육십사괘는 활용이 된다. 특히 [그림179]는 육십사괘를 물리적 실체로 연구할 때 필요한 기하학(幾何學)이나 위상수학 등에서 유용하다. 괘를 구궁을 사용하여 공간으로 시각화시키는 작업은 이미 〈제2부→제4장. 생기복덕 팔괘의 물리적 실체〉에서 제시하였다.

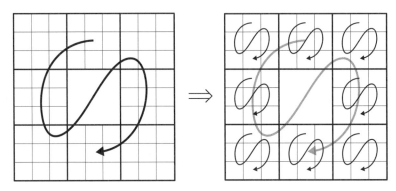

[그림178] 선천64괘의 자기닮음 계층구조

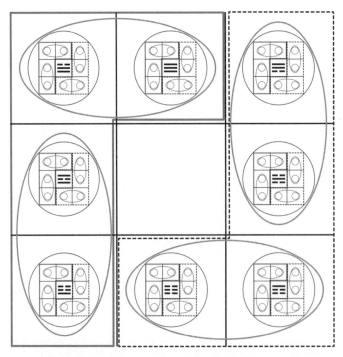

[그림179] 선천64괘에서 방원 구조의 프랙탈

더 알기

# 연산팔괘

  '연산팔괘(連山八卦)'의 명칭은 머리에 해당하는 구궁의 상단 중앙에 간괘가 위치했음을 의미한다. 연산팔괘는 아래 그림과 같이 양의와 음의로 크게 나눌 수 있다. 양의와 음의로 나누는 기준은 초효의 음양이다. 낙서의 〈천도좌선 지도우전〉처럼 연산팔괘는 〈양의좌선 음의우전〉로 괘가 배치되어 있다. 선천팔괘는 연산팔괘에 반대인 〈양의우전 음의좌선〉으로 괘가 배치되어 있다.

  연산팔괘에서 건괘와 곤괘의 위치는, 『추구(推拘)』의 "하늘은 서북쪽으로 기울어져 있고, 땅은 동남쪽 경계가 낮다(天傾西北邊 地卑東南界)."에 부합된다. 연산팔괘에서 건괘가 위치한 궁은 '천문(天門)'이 되고, 곤괘가 위치한 궁은 '지호(地戶)'가 된다. 28수(宿)에서 천문은 규벽(奎壁)에 해당하고, 지호는 각진(角軫)에 해당한다.

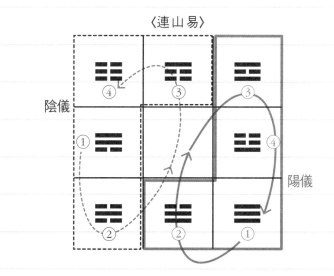

〈連山易〉

# 8장 경방육십사괘의 설계원리

　팔괘 중에서 선천팔괘가 체(體)가 되고 후천팔괘가 용(用)이 된다. 또한 일가팔문과 생기복덕 팔괘에서 선천팔괘는 운행규칙이고 후천팔괘는 선천팔괘에서 운행하는 시간에 따른 운동체(運動體)가 된다. 다시 말해서, 일가팔문과 생기복덕 팔괘는 선천팔괘와 후천팔괘로부터 파생된 2차적인 용이다.

　체용이 존재하는 팔괘처럼 육십사괘 중에서도 체와 용이 되는 것이 존재한다. 육십사괘의 체는 선천팔괘가 확대되어 생성된 선천육십사괘이다. 그렇다면, 용이 되는 육십사괘도 체인 선천육십사괘로부터 〈후천팔괘, 일가팔문, 생기복덕 팔괘〉처럼 〈대류, 정성적 변화와 정량적 변화, 효의 순차적인 음양교대 변화〉를 통해서 도출될 것이다.

　이 중에서 〈대류, 정성적 변화와 정량적 변화〉는 육십사괘에서는 사용될 수 없다. 왜냐하면, 대류로 이동하는 숫자괘는 종착지에 고정된 다른 숫자괘와의 차이만큼 궁의 층[행(行)]을 이동하기 때문이다. 3층인 구궁에서는 숫자괘가 2층 또는 1층 차이만큼만 대류로 이동할 수 있다. 따라서 최대의 숫자값인 用九 건괘는 用八 또는 用七인 괘를 종착지로 설정하여 이동할 수 있다. 또한 최소의 숫자값인 用六 곤괘는 用七 또는 用八인 괘를 종착지로 설정하여 이동할 수 있다. 다행스럽게도 선천팔괘궁에서는 用八과 用七이 상단층과 하단층에 존재하여 가장 뜨거운 건괘가 차가운 하단층까지 이동하고, 가장 차가운 곤괘가 상단층까지 이동한다. 결과적으로 구궁으로 표시된 선천팔괘궁에서는 대류에 의한 괘의 순환으로 완전하게 열이 전달된다. 그러나 [그림180]처럼 선천육십사괘궁에서는 대류에 의해서 가장 멀리 이동할 수 있는 중천건괘[用十八]와 중지곤괘[用十二]의 차이가 6이므로, 상단층의 중천건괘는 8층 아래의 하단층까지 이동할 수 없고 하단층의 중지곤괘는 8층 위의 상단층까지 이

〈하괘를 궁으로 표시한 선천64괘〉

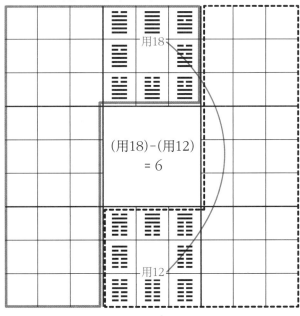

〈궁을 하괘로 치환한 선천64괘〉

[그림180] 선천64괘에서 숫자괘의 최대 차이

동할 수 없다. 따라서 선천육십사괘궁에서는 대류에 의한 괘의 순환으로 완전하게 열이 전달되지 않는다. 결론적으로 선천육십사괘가 놓인 〈9층×9칸=9행×9열〉의 궁에서 9층과 선천육십사괘를 형성하는 효의 개수인 6개가 일치하지 않으므로 완전한 대류가 발생하지 않는다. 〈정성적 변화와 정량적 변화〉도 대류와 같은 이유로 선천육십사괘에서는 사용될 수 없다.

지금까지 탐구한 것처럼, 선천육십사괘로부터 용이 되는 육십사괘를 도출할 때 〈대류, 정성적 변화와 정량적 변화〉는 사용할 수 없으므로 효의 순차적인 음양교대변화만 사용된다. 이렇게 효의 순차적인 음양교대변화에 의해서 선천육십사괘로부터 도출된 육십사괘가 '경방육십사괘(京房六十四卦)'이다. 경방육십사괘는 육효 점법을 창시한 경방으로부터 유래하였기 때문에 붙여진 이름이다.

# (1) 변효에 의한 경방육십사괘의 생성

경방육십사괘는 효의 순차적인 음양교대변화에 의해서 선천육십사괘로부터 도출된다. 앞으로는 용어의 편의상 〈효의 순차적인 음양교대변화〉를 '변효(變爻)'라고 압축하여 지칭한다. 팔괘의 2차 파생적인 용인 생기복덕 팔괘는 경방육십사괘와 동일한 방식인 변효에 의해서 생성되었다. 따라서 경방육십사괘의 생성원리를 규명하는 작업은 생기복덕 팔괘를 모방하는 것부터 시작된다.

선천육십사괘로부터 변효에 의해서 파생되는 괘를 얻기 위해서는 기준이 되

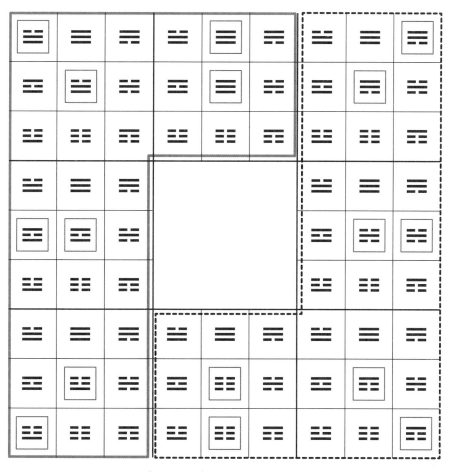

[그림181] 평균이 되는 중복된 괘

는 괘를 먼저 설정해야 된다. 기준이 되는 괘는 〈낙서의 평균반, 구성반의 체(體)〉처럼 평균에 해당하는 괘이어야만 된다. 위의 [그림181]처럼 방원 구조에 입각하여 설계된 선천육십사괘에서는 방(方)인 하괘와 동일한 상괘가 평균에 해당하는 괘이다. 즉 〈중천건·중택태·중화리·중뢰진·중풍손·중수감·중산간·중지곤〉이 경방육십사괘의 기준이 되는 괘이다. 이런 기준이 되는 괘를 '원괘(原卦)'로 일컫는다.

기준이 되는 원괘가 설정된 후에는 변효의 방식이 설정되어야 된다. 생기복덕 팔괘의 〈상효→중효→하효→중효→상효→중효→하효→중효〉처럼 모든 효를 변화시킬지 또는 일부의 효만 변화시킬지를 설정하는 동시에 내림차순부터 시작할지 또는 올림차순부터 시작할지를 설정해야 된다. 이런 문제를 해결하기 위해서 다음처럼 3가지의 실험을 실행한다.

첫 번째 실험은 원괘로부터 모든 효를 〈올림차순→내림차순→올림차순→내림차순→……〉의 방식으로 원괘가 다시 나오는 순환주기까지 음양교대변화를 시킨다. 이런 방식으로 실험을 설정한 이유는 선천육십사괘가 설계된 방원의 구조에 입각하여 큰 집합인 방을 표시한 하괘부터 변효를 시키기 때문이다. 따라서 변효의 순서는 〈1효→2효→3효→4효→5효→6효→5효→4효→3효→2효→1효→2효→3효→……〉가 된다.

이 실험에서 비교하고 대조하는 관찰을 쉽게 하기 위해서, 경방육십사괘의 오행 배속을 [표38]에 제시하였다. 경방육십사괘는 아래의 두 번째 실험으로 도출된 것인데, 〈1효→2효→3효→4효→5효〉까지의 결과는 첫 번째 실험과 동일하므로 1世부터 5世까지는 참조할 수 있다. [표38]에서 1世는 1효가 변효가 된 것을 의미하고, 2世는 2효가 변효가 된 것을 의미한다. 나머지 5世까지는 1世, 2世와 동일한 방식이다. 유혼(遊魂)은 5효가 변한 5世괘로부터 내림차순으로 4효가 변해서 생성된 괘를 의미한다. 귀혼(歸魂)은 유혼괘로부터 내림차순으로 〈3효, 2효, 1효〉가 모두 동시에 변해서 생성된 괘를 의미한다.

실험 대상으로 부모괘인 중천건[표39]과 중지곤[표40]을 조사할 것이다.

[표38]과 나머지 〈중수감[표41] · 중풍손[표42] · 중화리[표43] · 중뢰진[표44]〉는 중천건과 중지곤의 순환주기를 구하기 위한 참조용으로 간략하게 제시한 것이다.

### [표38] 경방64괘의 오행 배속

| | 건궁<br>[+金] | 태궁<br>[-金] | 이궁<br>[-火] | 진궁<br>[+木] | 손궁<br>[-木] | 감궁<br>[+水] | 간궁<br>[+土] | 곤궁<br>[-土] |
|---|---|---|---|---|---|---|---|---|
| 원괘 | 중천건 | 중택태 | 중화리 | 중뢰진 | 중풍손 | 중수감 | 중산간 | 중지곤 |
| 1世 | 천풍구 | 택수곤 | 화산려 | 뇌지예 | 풍천소축 | 수택절 | 산화비 | 지뢰복 |
| 2世 | 천산둔 | 택지췌 | 화풍정 | 뇌수해 | 풍화가인 | 수뢰준 | 산천대축 | 지택림 |
| 3世 | 천지비 | 택산함 | 화수미제 | 뇌풍항 | 풍뢰익 | 수화기제 | 산택손 | 지천태 |
| 4世 | 풍지관 | 수산건 | 산수몽 | 지풍승 | 천뢰무망 | 택화혁 | 화택규 | 뇌천대장 |
| 5世 | 산지박 | 지산겸 | 풍수환 | 수풍정 | 화뢰서합 | 뇌화풍 | 천택리 | 택천쾌 |
| 유혼 | 화지진 | 뇌산소과 | 천수송 | 택풍대과 | 산뢰이 | 지화명이 | 풍택중부 | 수천수 |
| 귀혼 | 화천대유 | 뇌택귀매 | 천화동인 | 택뢰수 | 산풍고 | 지수사 | 풍산점 | 수지비 |

## [표39] 모든 효의 변화로 발생하는 중천건의 순환주기

| 순서 | 변효 | 원괘 ䷀ | 비고 |
|---|---|---|---|
| ① | 1 | 천풍구 | 〈건궁 1〉 |
| ② | 2 | 천산둔 | 〈건궁 2〉 |
| ③ | 3 | 천지비 | 〈건궁 3〉 |
| ④ | 4 | 풍지관 | 〈건궁 4〉 |
| ⑤ | 5 | 산지박 | 〈건궁 5〉 |
| ⑥ | 6 | 중지곤 | 곤궁 원괘 |
| ⑦ | 5 | 수지비 | 〈건궁 6〉 |
| ⑧ | 4 | 택지췌 | 태궁 2世 |
| ⑨ | 3 | 택산함 | 태궁 3世 |
| ⑩ | 2 | 택풍대과 | 〈건궁 7〉 |
| ⑪ | 1 | 택천쾌 | 곤궁 ⑤번 |
| ⑫ | 2 | 택화혁 | 감궁 4世 |
| ⑬ | 3 | 택뢰수 | 손궁 ⑦번 |
| ⑭ | 4 | 수뢰준 | 감궁 2世 |
| ⑮ | 5 | 지뢰복 | 곤궁 ①번 |
| ⑯ | 6 | 산뢰이 | 곤궁 ⑩번 |
| ⑰ | 5 | 풍뢰익 | 손궁 3世 |
| ⑱ | 4 | 천뢰무망 | 손궁 4世 |
| ⑲ | 3 | 천화동인 | 감궁 ⑦번 |
| ⑳ | 2 | 중천건 | 원괘 〈건궁 0〉 |

[표40] 모든 효의 변화로 발생하는 중지곤의 순환주기

| 순서 | 변효 | 원괘 ䷁ | 비고 |
|---|---|---|---|
| ① | 1 | ䷗ 지뢰복 | 〈곤궁 1〉 |
| ② | 2 | ䷒ 지택림 | 〈곤궁 2〉 |
| ③ | 3 | ䷊ 지천태 | 〈곤궁 3〉 |
| ④ | 4 | ䷡ 뇌천대장 | 〈곤궁 4〉 |
| ⑤ | 5 | ䷪ 택천쾌 | 〈곤궁 5〉 |
| ⑥ | 6 | ䷀ 중천건 | 건궁 원괘 |
| ⑦ | 5 | ䷍ 화천대유 | 〈곤궁 6〉 |
| ⑧ | 4 | ䷙ 산천대축 | 간궁 2世 |
| ⑨ | 3 | ䷨ 산택손 | 간궁 3世 |
| ⑩ | 2 | ䷚ 산뢰이 | 〈곤궁 7〉 |
| ⑪ | 1 | ䷖ 산지박 | 건궁 5世 |
| ⑫ | 2 | ䷃ 산수몽 | 이궁 4世 |
| ⑬ | 3 | ䷑ 산풍고 | 진궁 ⑦번 |
| ⑭ | 4 | ䷱ 화풍정 | 이궁 2世 |
| ⑮ | 5 | ䷫ 천풍구 | 건궁 1世 |
| ⑯ | 6 | ䷛ 택풍대과 | 건궁 ⑩번 |
| ⑰ | 5 | ䷟ 뇌풍항 | 진궁 3世 |
| ⑱ | 4 | ䷭ 지풍승 | 진궁 4世 |
| ⑲ | 3 | ䷆ 지수사 | 이궁 ⑦번 |
| ⑳ | 2 | ䷁ 중지곤 | 원괘 〈곤궁 0〉 |

## [표41] 모든 효의 변화로 발생하는 중수감의 순환주기

| 순서 | 변효 | 원괘 ䷜ | 비고 |
|---|---|---|---|
| ① | 1 | ䷻ 수택절 | |
| ② | 2 | ䷂ 수뢰준 | |
| ③ | 3 | ䷾ 수화기제 | |
| ④ | 4 | ䷰ 택화혁 | |
| ⑤ | 5 | ䷶ 뇌화풍 | |
| ⑥ | 6 | ䷝ 중화리 | |
| ⑦ | 5 | ䷌ 천화동인 | 건궁 ⑲번 |
| ⋮ | ⋮ | ⋮ | ⋮ |
| ⑳ | 2 | ䷜ 중수감 | 원괘 |

## [표42] 모든 효의 변화로 발생하는 중풍손의 순환주기

| 순서 | 변효 | 원괘 ䷸ | 비고 |
|---|---|---|---|
| ① | 1 | ䷈ 풍천소축 | |
| ② | 2 | ䷤ 풍화가인 | |
| ③ | 3 | ䷩ 풍뢰익 | |
| ④ | 4 | ䷘ 천뢰무망 | |

| ⑤ | 5 | ䷔ 화뢰서합 | |
| ⑥ | 6 | ䷲ 중뢰진 | |
| ⑦ | 5 | ䷐ 택뢰수 | 건궁 ⑬번 |
| ⋮ | ⋮ | ⋮ | ⋮ |
| ⑳ | 2 | ䷸ 중풍손 | 원괘 |

## [표43] 모든 효의 변화로 발생하는 중화리의 순환주기

| 순서 | 변효 | 원괘 ䷝ | 비고 |
|---|---|---|---|
| ① | 1 | ䷷ 화산려 | |
| ② | 2 | ䷱ 화풍정 | |
| ③ | 3 | ䷿ 화수미제 | |
| ④ | 4 | ䷃ 산수몽 | |
| ⑤ | 5 | ䷺ 풍수환 | |
| ⑥ | 6 | ䷜ 중수감 | |
| ⑦ | 5 | ䷆ 지수사 | 곤궁 ⑲번 |
| ⋮ | ⋮ | ⋮ | ⋮ |
| ⑳ | 2 | ䷝ 중화리 | 원괘 |

[표44] 모든 효의 변화로 발생하는 중뢰진의 순환주기

| 순서 | 변효 | 원괘 ䷲ | 비고 |
|---|---|---|---|
| ① | 1 | ䷏ 뇌지예 | |
| ② | 2 | ䷧ 뇌수해 | |
| ③ | 3 | ䷟ 뇌풍항 | |
| ④ | 4 | ䷭ 지풍승 | |
| ⑤ | 5 | ䷯ 수풍정 | |
| ⑥ | 6 | ䷸ 중풍손 | |
| ⑦ | 5 | ䷑ 산풍고 | 곤궁 ⑬번 |
| ⋮ | ⋮ | ⋮ | ⋮ |
| ⑳ | 2 | ䷲ 중뢰진 | 원괘 |

위의 [표39]와 [표40]의 오른쪽 비고에서 제시하였듯이, 첫 번째 실험에서 는 20번째에 위치한 괘가 원괘가 된다. 따라서 원괘로부터 모든 효를 〈올림차 순→내림차순→올림차순→내림차순→……〉의 방식으로 음양교대변화를 시키 면, 20번째에서 원괘가 된다. 이런 방식의 변효는 순환주기가 20이 된다. 이런 20개의 순환주기에서 다른 원괘들의 변효로부터 도출된 종속괘와의 중복된 부분을 제외하고 이번 실험의 종속괘만 표시하면, [표45]가 된다.

지금까지 탐구한 모든 효를 올림차순부터 시작하여 내림차순과 교대로 변화 시키는 방식은, 선천육십사괘의 용이 도출되는 방법으로 채택될 수 없다. 왜냐

하면, [표39]와 [표40]의 ⑥에서 보이듯이 1효부터 6효까지 모두 변화시키면 원괘에 음양교대대칭인 배합괘가 나오기 때문이다. 구성기학의 대충에서 살펴보았듯이, 전체공간인 체와 교대대칭이 되는 용은 에너지가 모두 상쇄되어 소멸되기 때문이다. 이와 마찬가지로 변효를 통한 종속괘의 생성과정에 배합괘가 나오면, 에너지가 모두 소멸되어서 그 이후로 생성되는 괘들은 에너지가 없는 상태의 죽은 괘가 되기 때문이다.

[표45] 모든 효의 변화로 발생하는 종속괘

| 종속괘의 순서 | 0 [원괘] | 1 | 2 | 3 | 4 | 5 | 6 | 7 |
|---|---|---|---|---|---|---|---|---|
| 변효 | 없음 | 1효 | 2효 | 3효 | 4효 | 5효 | 6효→ 5효 | 4효→ 3효→ 2효 |

두 번째 실험은 원괘로부터 1효에서 5효까지를 〈올림차순→내림차순→올림차순→내림차순→……〉의 방식으로 원괘가 다시 나오는 순환주기까지 음양교대변화를 시킨다. 첫 번째 실험에서 탐구한 것처럼 6효까지 변화시키면, 원괘의 배합괘가 등장하여 종속괘의 에너지가 모두 소멸되기 때문이다. 따라서 변효의 순서는 〈1효→2효→3효→4효→5효→4효→3효→2효→1효→2효→3효→……〉가 된다.

실험 대상으로 부모괘인 중천건[표46]과 중지곤[표47]을 조사할 것이다. 위의 [표38]에 제시된 경방육십사괘의 오행 배속은 중천건과 중지곤의 순환주기를 구하기 위한 참조용으로 사용되었다.

[표46] 1효에서 5효까지의 변화로 발생하는 중천건의 순환주기

| 순서 | 변효 | 원괘 ䷀ | 비고 |
|---|---|---|---|
| ① | 1 | 천풍구 | 〈건궁 1世〉 |
| ② | 2 | 천산둔 | 〈건궁 2世〉 |
| ③ | 3 | 천지비 | 〈건궁 3世〉 |
| ④ | 4 | 풍지관 | 〈건궁 4世〉 |
| ⑤ | 5 | 산지박 | 〈건궁 5世〉 |
| ⑥ | 4 | 화지진 | 〈건궁 유혼〉 |
| ⑦ | 3 | 화산려 | 이궁 1世 |
| ⑧ | 2 | 화풍정 | 이궁 2世 |
| ⑨ | 1 | 화천대유 | 〈건궁 귀혼〉 |
| ⑩ | 2 | 중화리 | 이궁 원괘 |
| ⑪ | 3 | 화뢰서합 | 손궁 5世 |
| ⑫ | 4 | 산뢰이 | 손궁 유혼 |
| ⑬ | 5 | 풍뢰익 | 손궁 3世 |
| ⑭ | 4 | 천뢰무망 | 손궁 4世 |
| ⑮ | 3 | 천화동인 | 이궁 귀혼 |
| ⑯ | 2 | 중천건 | 〈건궁 원괘〉 |

[표47] 1효에서 5효까지의 변화로 발생하는 중지곤의 순환주기

| 순서 | 변효 | 원괘 ䷁ | 비고 |
|---|---|---|---|
| ① | 1 | ䷗ 지뢰복 | 〈곤궁 1世〉 |
| ② | 2 | ䷒ 지택림 | 〈곤궁 2世〉 |
| ③ | 3 | ䷊ 지천태 | 〈곤궁 3世〉 |
| ④ | 4 | ䷡ 뇌천대장 | 〈곤궁 4世〉 |
| ⑤ | 5 | ䷪ 택천쾌 | 〈곤궁 5世〉 |
| ⑥ | 4 | ䷄ 수천수 | 〈곤궁 유혼〉 |
| ⑦ | 3 | ䷬ 수택절 | 감궁 1世 |
| ⑧ | 2 | ䷂ 수뢰준 | 감궁 2世 |
| ⑨ | 1 | ䷇ 수지비 | 〈곤궁 귀혼〉 |
| ⑩ | 2 | ䷜ 중수감 | 감궁 원괘 |
| ⑪ | 3 | ䷯ 수풍정 | 진궁 5世 |
| ⑫ | 4 | ䷛ 택풍대과 | 진궁 유혼 |
| ⑬ | 5 | ䷟ 뇌풍항 | 진궁 3世 |
| ⑭ | 4 | ䷭ 지풍승 | 진궁 4世 |
| ⑮ | 3 | ䷆ 지수사 | 감궁 귀혼 |
| ⑯ | 2 | ䷁ 중지곤 | 〈곤궁 원괘〉 |

위의 [표46]과 [표47]의 오른쪽 비고에서 제시하였듯이, 16번째에 위치한 괘가 원괘가 된다. 따라서 원괘로부터 1효에서 5효까지를 〈올림차순→내림차순→올림차순→내림차순→……〉의 방식으로 음양교대변화를 시키면, 16번째에서 원괘가 된다. 이런 방식의 변효는 순환주기가 16이 된다. 이런 16개의 순환주기에서 다른 원괘들의 변효로부터 도출된 종속괘와의 중복된 부분을 제외하고 이번 실험의 종속괘만 표시하면, [표48]이 된다.

### [표48] 1효에서 5효까지의 변화로 발생하는 종속괘

| 종속괘의 순서 | 0 [원괘] | 1 | 2 | 3 | 4 | 5 | 6 [유혼] | 7 [귀혼] |
|---|---|---|---|---|---|---|---|---|
| 변효 | 없음 | 1효 | 2효 | 3효 | 4효 | 5효 | 4효 | 3효→ 2효→ 1효 |

지금까지 탐구한 1효에서 5효까지를 올림차순부터 시작하여 내림차순과 교대로 변화시키는 방식은, 모든 효를 변화시키는 첫 번째 실험과는 다르게 중간 과정에서 원괘의 배합괘가 안 나온다. 따라서 원괘의 1효에서 5효까지를 올림차순부터 시작하여 내림차순과 교대로 변화시키는 방식은 육십사괘의 용이 도출되는 방법으로 채택될 수 있다. 이것이 [표38]에 정리된 경방육십사괘이다.

세 번째 실험은 원괘로부터 6효에서 2효까지를 〈내림차순→올림차순→내림차순→올림차순→……〉의 방식으로 원괘가 다시 나오는 순환주기까지 음양교대변화를 시킨다. 이 실험은 두 번째 실험과 다른 조건은 동일하나, 변효의 순서를 위에서 아래로 바꾼 것이다. 따라서 변효의 순서는 〈6효→5효→4효→3효

→ 2효→3효→3효→2효→1효→2효→3효→……〉가 된다.

세 번째 실험의 결과는 실험이 설계된 원리에 따라서 두 번째 실험의 결과와 변효의 방향만 반대인 것을 제외하고는 모두 동일하다. 두 번째 실험에서는 상단에 위치한 6효가 불변인 반면에 세 번째 실험은 하단에 위치한 1효가 불변이다. 이것은 〈[그림182]와 [그림183], [그림184]와 [그림185], [그림186]과 [그림187]〉처럼 원괘가 소속된 양의(兩儀)의 범주 안에서만 변효로 인한 종속괘가 생성됨을 의미한다. 〈[그림182]와 [그림183]〉에서 보이듯이, 양의(陽儀)에 속하는 중천건인 원괘로부터 파생된 7개의 종속괘는 모두 원괘와 동일하게 양의(陽儀)에 속한다. 〈[그림184]와 [그림185]〉에서 보이듯이, 음의(陰儀)에 속하는 중지곤인 원괘로부터 파생된 7개의 종속괘는 모두 원괘와 동일하게 음의에 속한다. 〈[그림186]과 [그림187]〉에서 보이듯이, 양의(陽儀)에 속하는 중택태인 원괘로부터 파생된 7개의 종속괘는 모두 원괘와 동일하게 양의(陽儀)에 속한다.

결과적으로 방원 구조로 설계된 선천육십사괘와 반대로 원(圓)인 상괘에서 방(方)인 하괘로 변효를 시킨 세 번째 실험은 종속괘가 편벽되게 분포한다. 따라서 세 번째 실험은 육십사괘의 용이 도출되는 방법으로 채택될 수 없다.

세 번째 실험에서 중요한 점은, 실험의 결과보다 실험의 과정에서 사용된 괘를 궁에 표시하여 공간으로 시각화시키는 방법의 유용성이다. 괘를 공간으로 시각화시키면, 방원 구조에 입각하여 설계된 괘의 구성단위인 하괘와 상괘의 물리적 실체와 각 괘의 구성성분인 효의 자리가 의미하는 물리적 실체를 파악할 수 있다.

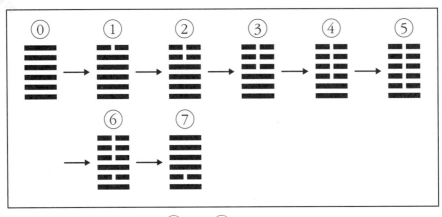

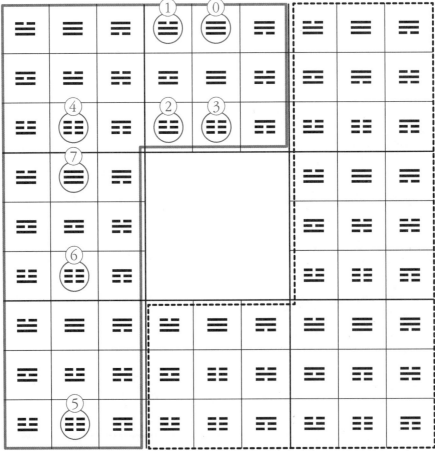

[그림182] 내림차순부터 변효된 중천건의 종속괘

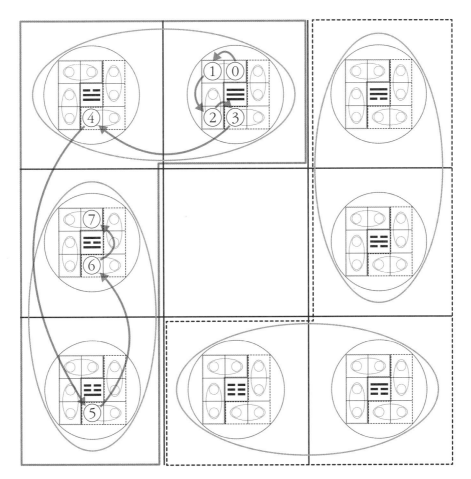

[그림183] 내림차순부터 변효된 중천건의 공간이동

[그림182]와 [그림183]에서 6효가 변효인 ①, 5효가 변효인 ②, 4효가 변효인 ③은 모두 하괘가 건괘로 고정되고, 상괘에서만 변효가 발생하여 생성된 종속괘이다. 따라서 〈①, ②, ③〉은 전체 구궁 중 건궁 안에서만 공간이동을 하면서 파생된 종속괘들이 된다. 3효가 변효인 ④, 2효가 변효인 ⑤, 다시 3효가 변효인 ⑥은 모두 상괘가 곤괘로 고정되고, 하괘 안에서 일어난 음양교대변화이다. 따라서 〈④, ⑤, ⑥〉은 전체 구궁이 입중포국된 하위 구궁에서 곤궁으로 고정된 상황에서 전체 구궁 중 양의(陽儀) 안에서만 공간이동을 하면서 파생된 종속괘들이 된다.

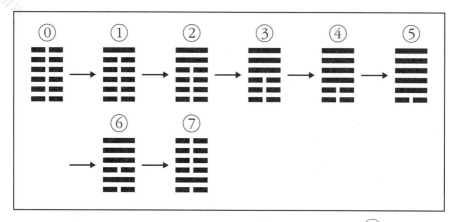

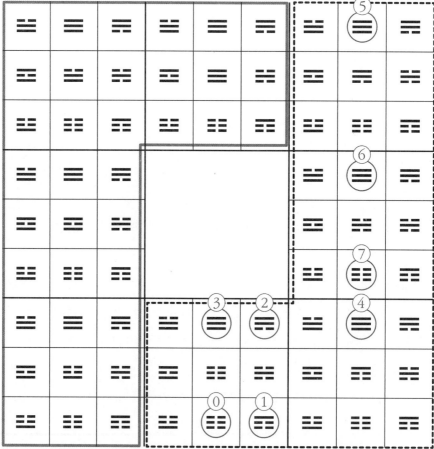

[그림184] 내림차순부터 변효된 중지곤의 종속괘

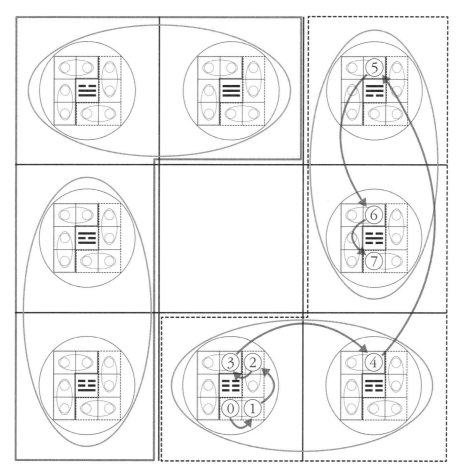

[그림185] 내림차순부터 변효된 중지곤의 공간이동

[그림184]와 [그림185]에서 6효가 변효인 ①, 5효가 변효인 ②, 4효가 변효인 ③은 모두 하괘가 곤괘로 고정되고, 상괘에서만 변효가 발생하여 생성된 종속괘이다. 따라서 〈①, ②, ③〉은 전체 구궁 중 곤궁 안에서만 공간이동을 하면서 파생된 종속괘들이 된다. 3효가 변효인 ④, 2효가 변효인 ⑤, 다시 3효가 변효인 ⑥은 모두 상괘가 건괘로 고정되고, 하괘 안에서 일어난 음양교대변화이다. 따라서 〈④, ⑤, ⑥〉은 전체 구궁이 입중포국된 하위 구궁에서 건궁으로 고정된 상황에서 전체 구궁 중 음의(陰儀) 안에서만 공간이동을 하면서 파생된 종속괘들이 된다.

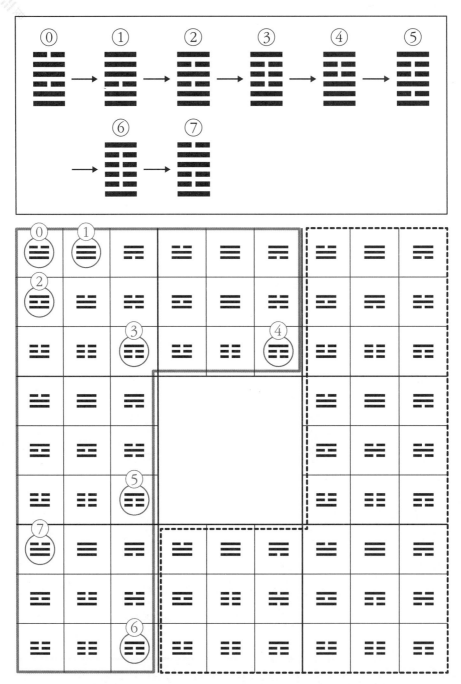

[그림186] 내림차순부터 변효된 중택태의 종속괘

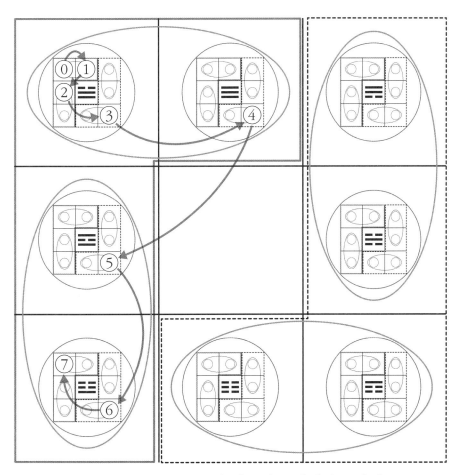

[그림187] 내림차순부터 변효된 중택태의 공간이동

　[그림186]과 [그림187]에서 6효가 변효인 ①, 5효가 변효인 ②, 4효가 변효인 ③은 모두 하괘가 태괘로 고정되고, 상괘에서만 변효가 발생하여 생성된 종속괘이다. 따라서 〈①, ②, ③〉은 전체 구궁 중 태궁 안에서만 공간이동을 하면서 파생된 종속괘들이 된다. 3효가 변효인 ④, 2효가 변효인 ⑤, 다시 3효가 변효인 ⑥은 모두 상괘가 간괘로 고정되고, 하괘 안에서 일어난 음양교대변화이다. 따라서 〈④, ⑤, ⑥〉은 전체 구궁이 입중포국된 하위 구궁에서 간궁으로 고정된 상황에서 전체 구궁 중 양의(陽儀) 안에서만 공간이동을 하면서 파생된 종속괘들이 된다.

# (2) 공간이동으로 표시된 경방육십사괘의 생성과정

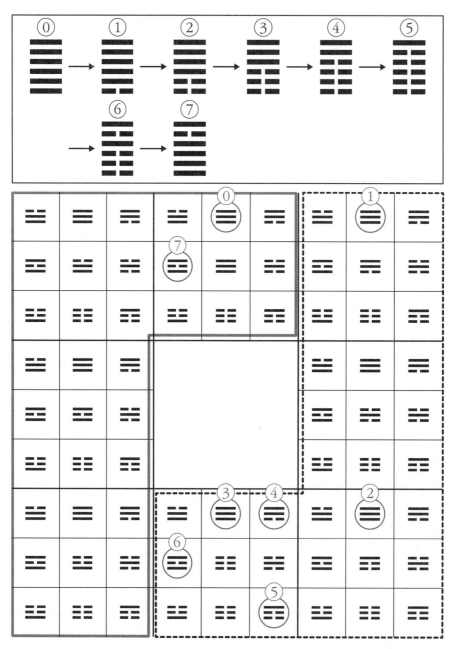

[그림188] 중천건으로부터 파생된 종속괘

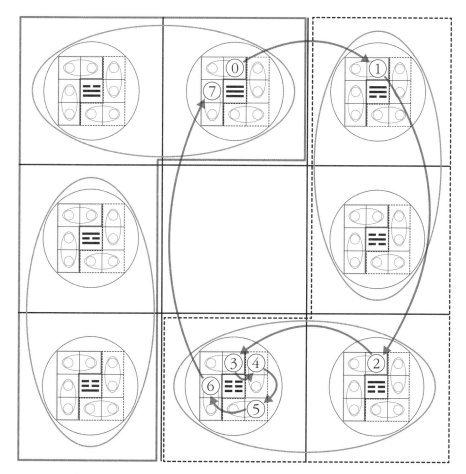

[그림189] 중천건으로부터 파생된 종속괘의 공간이동 표시

    [그림188]과 [그림189]에서 〈①, ②, ③〉은 모두 상괘가 건괘로 고정되고, 하괘에서만 변효가 발생하여 생성된 종속괘이다. 따라서 〈①, ②, ③〉은 전체 구궁이 입중포국된 하위 구궁에서 건궁으로 고정된 상황에서 전체 구궁 중에서 〈①은 양의(陽儀)에서 음의로, ②는 소양에서 노음으로, ③은 같은 사상 안에서 이웃한 팔괘로〉 공간이동을 하면서 파생된 종속괘들이 된다. 〈④, ⑤, ⑥〉은 모두 하괘가 곤괘로 고정되고, 상괘에서만 변효가 발생하여 생성된 종속괘이다. 따라서 〈④, ⑤, ⑥〉은 전체 구궁 중 곤궁 안에서만 공간이동을 하면서 파생된 종속괘들이 된다.

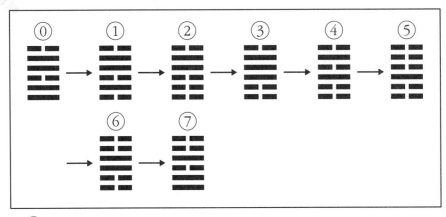

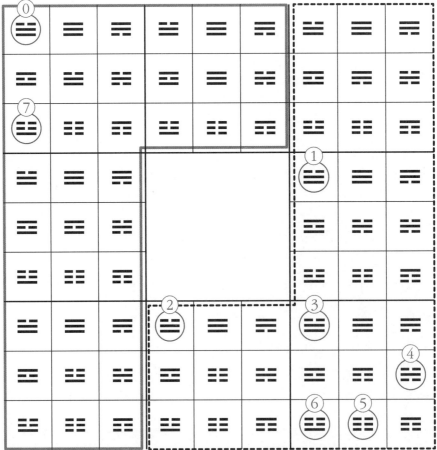

[그림190] 중택태로부터 파생된 종속괘

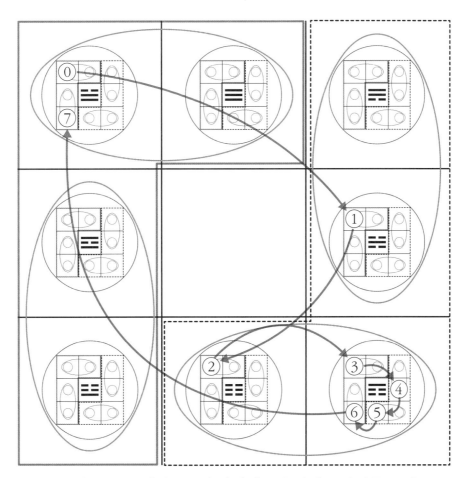

[그림191] 중택태로부터 파생된 종속괘의 공간이동 표시

[그림190]과 [그림191]에서 〈①, ②, ③〉은 모두 상괘가 태괘로 고정되고, 하괘에서만 변효가 발생하여 생성된 종속괘이다. 따라서 〈①, ②, ③〉은 전체 구궁이 입중포국된 하위 구궁에서 태궁으로 고정된 상황에서 전체 구궁 중에서 〈①은 양의(陽儀)에서 음의로, ②는 소양에서 노음으로, ③은 같은 사상 안에서 이웃한 팔괘로〉 공간이동을 하면서 파생된 종속괘들이 된다. 〈④, ⑤, ⑥〉은 모두 하괘가 간괘로 고정되고, 상괘에서만 변효가 발생하여 생성된 종속괘이다. 따라서 〈④, ⑤, ⑥〉은 전체 구궁 중 간궁 안에서만 공간이동을 하면서 파생된 종속괘들이 된다.

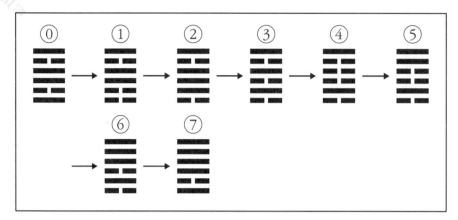

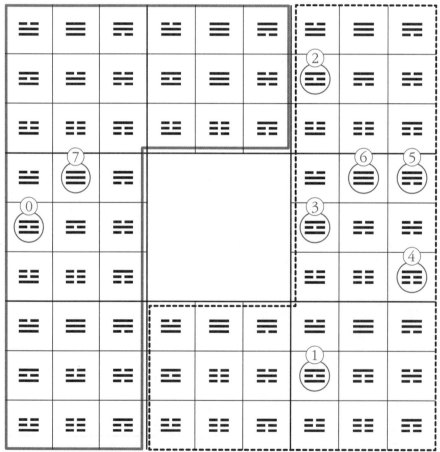

[그림192] 중화리로부터 파생된 종속괘

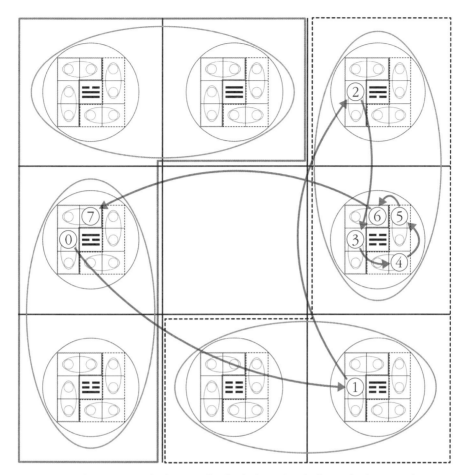

[그림193] 중화리로부터 파생된 종속괘의 공간이동 표시

　[그림192]와 [그림193]에서 〈①, ②, ③〉은 모두 상괘가 이괘로 고정되고, 하괘에서만 변효가 발생하여 생성된 종속괘이다. 따라서 〈①, ②, ③〉은 전체 구궁이 입중포국된 하위 구궁에서 이궁으로 고정된 상황에서 전체 구궁 중에서 〈①은 양의(陽儀)에서 음의로, ②는 노음에서 소양으로, ③은 같은 사상 안에서 이웃한 팔괘로〉 공간이동을 하면서 파생된 종속괘들이 된다. 〈④, ⑤, ⑥〉은 모두 하괘가 감괘로 고정되고, 상괘에서만 변효가 발생하여 생성된 종속괘이다. 따라서 〈④, ⑤, ⑥〉은 전체 구궁 중 감궁 안에서만 공간이동을 하면서 파생된 종속괘들이 된다.

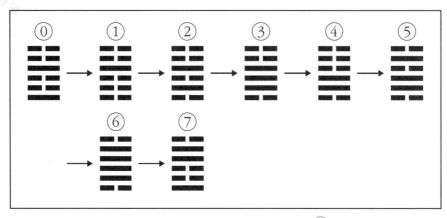

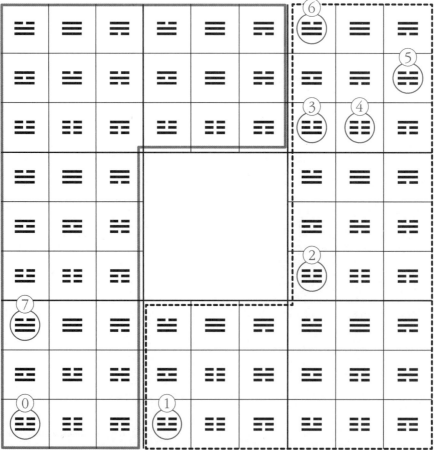

[그림194] 중뢰진으로부터 파생된 종속괘

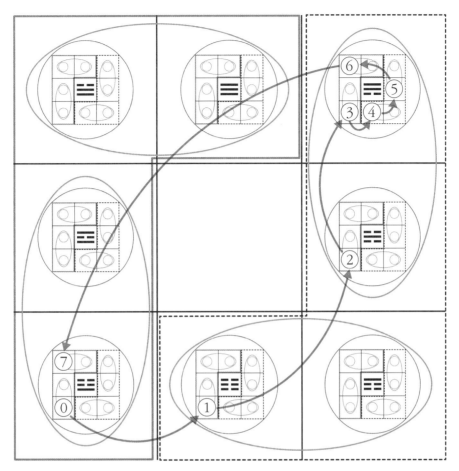

[그림195] 중뢰진으로부터 파생된 종속괘의 공간이동 표시

　[그림194]와 [그림195]에서 〈①, ②, ③〉은 모두 상괘가 진괘로 고정되고, 하괘에서만 변효가 발생하여 생성된 종속괘이다. 따라서 〈①, ②, ③〉은 전체 구궁이 입중포국된 하위 구궁에서 진궁으로 고정된 상황에서 전체 구궁 중에서 〈①은 양의(陽儀)에서 음의로, ②는 노음에서 소양으로, ③은 같은 사상 안에서 이웃한 팔괘로〉 공간이동을 하면서 파생된 종속괘들이 된다. 〈④, ⑤, ⑥〉은 모두 하괘가 손괘로 고정되고, 상괘에서만 변효가 발생하여 생성된 종속괘이다. 따라서 〈④, ⑤, ⑥〉은 전체 구궁 중 손궁 안에서만 공간이동을 하면서 파생된 종속괘들이 된다.

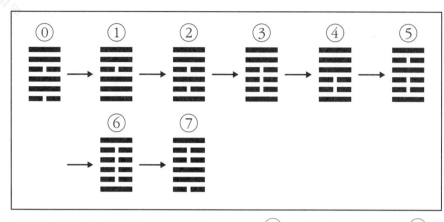

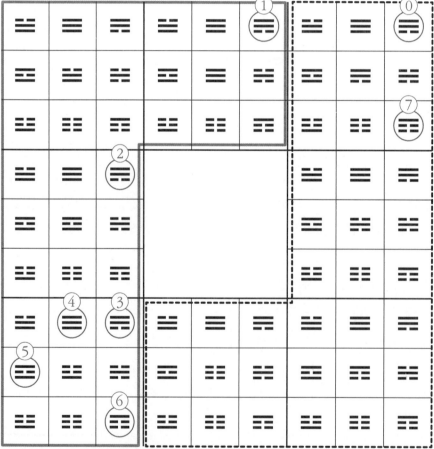

[그림196] 중풍손으로부터 파생된 종속괘

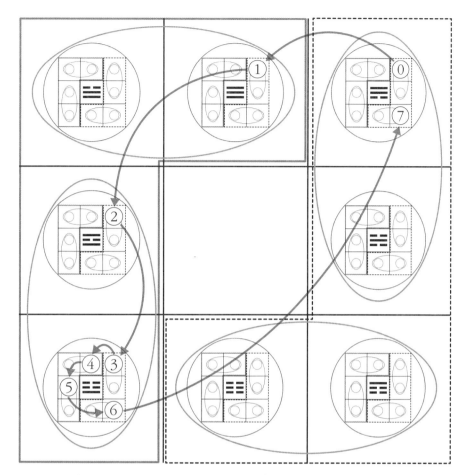

[그림197] 중풍손으로부터 파생된 종속괘의 공간이동 표시

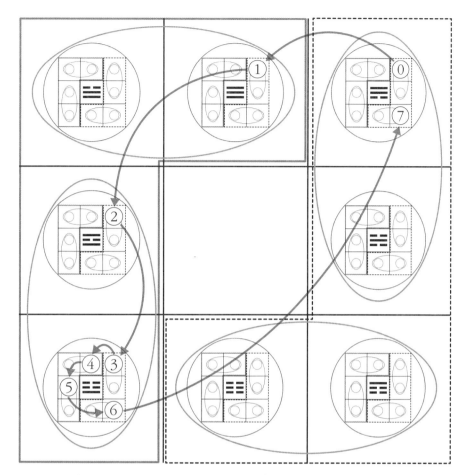

[그림196]과 [그림197]에서 〈①, ②, ③〉은 모두 상괘가 손괘로 고정되고, 하괘에서만 변효가 발생하여 생성된 종속괘이다. 따라서 〈①, ②, ③〉은 전체 구궁이 입중포국된 하위 구궁에서 손궁으로 고정된 상황에서 전체 구궁 중에서 〈①은 음의에서 양의(陽儀)로, ②는 노양에서 소음으로, ③은 같은 사상 안에서 이웃한 팔괘로〉 공간이동을 하면서 파생된 종속괘들이 된다. 〈④, ⑤, ⑥〉은 모두 하괘가 진괘로 고정되고, 상괘에서만 변효가 발생하여 생성된 종속괘이다. 따라서 〈④, ⑤, ⑥〉은 전체 구궁 중 진궁 안에서만 공간이동을 하면서 파생된 종속괘들이 된다.

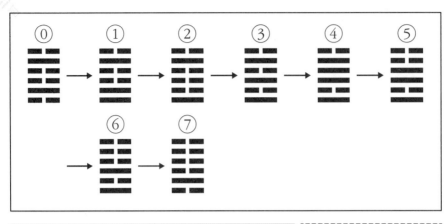

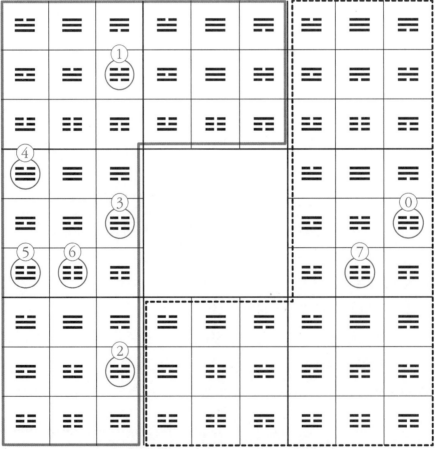

[그림198] 중수감으로부터 파생된 종속괘

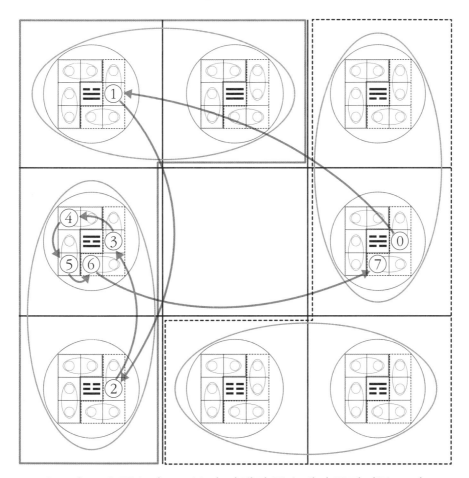

[그림199] 중수감으로부터 파생된 종속괘의 공간이동 표시

[그림198]과 [그림199]에서 ⟨①, ②, ③⟩은 모두 상괘가 감괘로 고정되고, 하괘에서만 변효가 발생하여 생성된 종속괘이다. 따라서 ⟨①, ②, ③⟩은 전체 구궁이 입중포국된 하위 구궁에서 감궁으로 고정된 상황에서 전체 구궁 중에서 ⟨①은 음의에서 양의(陽儀)로, ②는 노양에서 소음으로, ③은 같은 사상 안에서 이웃한 팔괘로⟩ 공간이동을 하면서 파생된 종속괘들이 된다. ⟨④, ⑤, ⑥⟩은 모두 하괘가 이괘로 고정되고, 상괘에서만 변효가 발생하여 생성된 종속괘이다. 따라서 ⟨④, ⑤, ⑥⟩은 전체 구궁 중 이궁 안에서만 공간이동을 하면서 파생된 종속괘들이 된다.

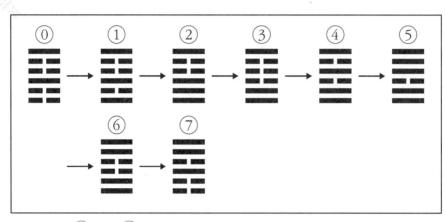

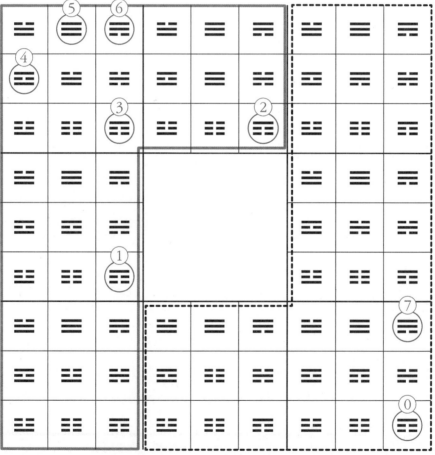

[그림200] 중산간으로부터 파생된 종속괘

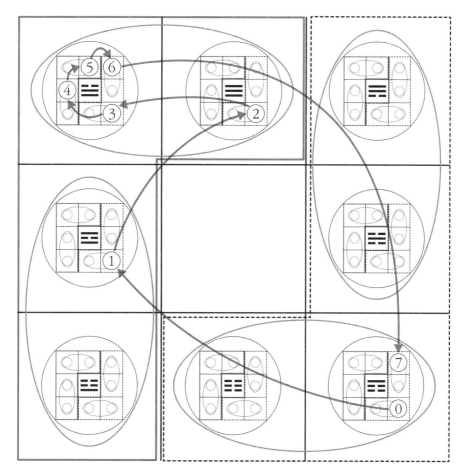

[그림201] 중산간으로부터 파생된 종속괘의 공간이동 표시

[그림200]과 [그림201]에서 〈①, ②, ③〉은 모두 상괘가 간괘로 고정되고, 하괘에서만 변효가 발생하여 생성된 종속괘이다. 따라서 〈①, ②, ③〉은 전체 구궁이 입중포국된 하위 구궁에서 간궁으로 고정된 상황에서 전체 구궁 중에서 〈①은 음의에서 양의(陽儀)로, ②는 소음에서 노양으로, ③은 같은 사상 안에서 이웃한 팔괘로〉 공간이동을 하면서 파생된 종속괘들이 된다. 〈④, ⑤, ⑥〉은 모두 하괘가 태괘로 고정되고, 상괘에서만 변효가 발생하여 생성된 종속괘이다. 따라서 〈④, ⑤, ⑥〉은 전체 구궁 중 태궁 안에서만 공간이동을 하면서 파생된 종속괘들이 된다.

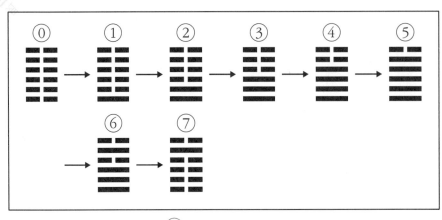

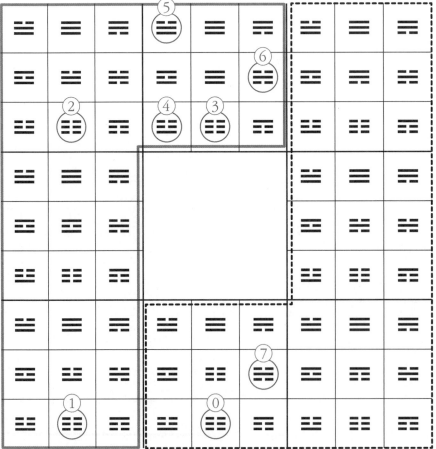

[그림202] 중지곤으로부터 파생된 종속괘

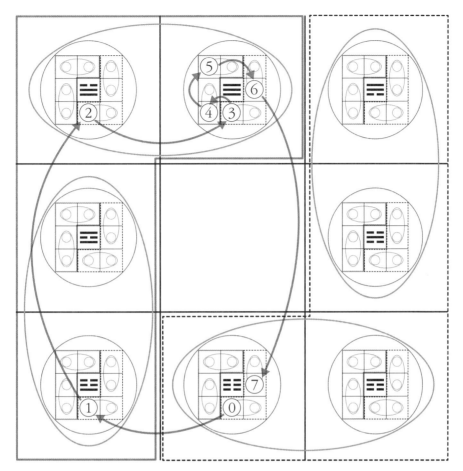

[그림203] 중지곤으로부터 파생된 종속괘의 공간이동 표시

[그림201]과 [그림202]에서 〈①, ②, ③〉은 모두 상괘가 곤괘로 고정되고, 하괘에서만 변효가 발생하여 생성된 종속괘이다. 따라서 〈①, ②, ③〉은 전체 구궁이 입중포국된 하위 구궁에서 곤궁으로 고정된 상황에서 전체 구궁 중에서 〈①은 음의에서 양의(陽儀)로, ②는 소음에서 노양으로, ③은 같은 사상 안에서 이웃한 팔괘로〉 공간이동을 하면서 파생된 종속괘들이 된다. 〈④, ⑤, ⑥〉은 모두 하괘가 건괘로 고정되고, 상괘에서만 변효가 발생하여 생성된 종속괘이다. 따라서 〈④, ⑤, ⑥〉은 전체 구궁 중 건궁 안에서만 공간이동을 하면서 파생된 종속괘들이 된다.

# 그 림 목 차

# 01 팔괘의 생성원리

## 1장 선천팔괘

## 2장 후천팔괘

# 그림 목차

## 5장 납갑의 설계원리

## 6장 납지의 설계원리

## 7장 선천육십사괘의 설계원리

# 8장 경방육십사괘의 설계원리

# 표 목차

## 3장 기문둔갑에서 일가팔문의 생성원리

## 4장 생기복덕 팔괘의 설계원리

## 5장 납갑의 설계원리

## 6장 납지의 설계원리

## 7장 선천육십사괘의 설계원리

## 8장 경방육십사괘의 설계원리

# 팔괘의 과학적 탐구

1판2쇄   2018년 7월 5일
출판등록   2016년 7월 18일

글쓴이   이승재
그림   조진현
펴낸곳   도서출판 미래터
발행인   조진현

기획   이승재, 조진현
컨텐츠 개발   과학역연구소
책임편집   조진현

주소   서울특별시 성동구 왕십리로 363, 210호
전화   02-2298-6332
팩스   02-6971-9322
E-mail   miraeteo@naver.com

출판권 ©   미래터, 2016
ISBN   979-11-958545-1-6

이 책은 저작권법에 따라 보호받는 저작물이므로 무단복제와 무단전재를 금합니다.
이 책의 내용의 일부 또는 전부를 이용하기 위해서는 반드시 저작권자의 동의를 받아야 합니다.

* 잘못된 책은 바꾸어 드립니다.
* 저자와의 협의에 의해 인지를 생략합니다.
* 책값은 뒤표지에 있습니다.

이 도서의 국립중앙도서관 출판예정도서목록(CIP)은 서지정보유통지원시스템 홈페이지
(http://seoji.nl.go.kr)와 국가자료공동목록시스템(http://www.nl.go.kr/kolisnet)에서
이용하실 수 있습니다. (CIP제어번호 : CIP2016031598)